基于协作通信和机器学习的车联网技术

王丽君 ◎ 著

华中科技大学出版社
http://www.hustp.com
中国·武汉

内 容 简 介

本书围绕车联网技术的性能指标,着力于从协作通信和机器学习两个方面进行深入的研究。首先提出了无蜂窝的基于移动接入点的协作通信车联网体系结构,然后提出基于机器学习预测的无蜂窝结构车联网中流量时空分布模型,最后给出机器学习的移动接入点空时协作的精准资源调度和动态路由机制。核心问题涉及车辆终端如何接入移动网络,实现动态、开放、自组织、易于部署和低成本效益的车联网络。在实际应用的车联网场景中,按照本书给出的高连通性组网算法规则,有效选择中继节点进行消息转发的路由决策方案,确保车联网的高连通状态和服务质量需求。

图书在版编目(CIP)数据

基于协作通信和机器学习的车联网技术/王丽君著. —武汉:华中科技大学出版社,2020.9(2024.1重印)
ISBN 978-7-5680-6710-2

Ⅰ.①基…　Ⅱ.①王…　Ⅲ.①汽车-物联网　Ⅳ.①U469-39

中国版本图书馆 CIP 数据核字(2020)第 197276 号

基于协作通信和机器学习的车联网技术
Jiyu Xiezuo Tongxin he Jiqi Xuexi de Chelianwang Jishu

王丽君　著

策划编辑:康　序
责任编辑:狄宝珠
封面设计:孢　子
责任监印:徐　露
出版发行:华中科技大学出版社(中国·武汉)　　电话:(027)81321913
　　　　　武汉市东湖新技术开发区华工科技园　　邮编:430223
录　　排:武汉三月禾文化传播有限公司
印　　刷:广东虎彩云印刷有限公司
开　　本:787mm×1092mm　1/16
印　　张:7.5
字　　数:187 千字
版　　次:2024 年 1 月第 1 版第 2 次印刷
定　　价:88.00 元

本书若有印装质量问题,请向出版社营销中心调换
全国免费服务热线:400-6679-118　竭诚为您服务
版权所有　侵权必究

作者简介

王丽君,陕西西安人,现为文华学院信息学部副主任,湖北工业大学计算机学院硕士生导师。副教授,工学博士。湖北省优秀创新创业导师,湖北省电子设计竞赛优秀辅导教师。教育部中南地区高等学校电子电气基础课教学研究会常务理事。文华学院骨干教师、文华学院优秀潜能导师,IEEE绿色通信会员,EAI欧洲创新联盟会员。研究方向为无线通信技术、车联网技术,多媒体通信系统等。近年来主持国家级、省部级科研项目7项,主编教材2部,发表SCI、EI收录论文20余篇,申报及获授权专利3项。指导全国大学生电子设计竞赛一等奖,指导省级优秀学士学位论文3篇。承担的专业课程有通信原理;通信电子线路;现代交换原理等。获校级教学成果奖、个性化教育创新奖、教学质量一等奖、教学竞赛一等奖等多个奖项。

教育经历:2016—2019/武汉大学/电路与系统/博士;2006—2008/华中科技大学/通信与信息系统/硕士;2000—2004/西安电子科技大学/通信工程/学士。工作经历:2008.8—至今文华学院电信系教师、信息学部副主任;2004—2006武汉迈力特光通信公司,研发工程师。

进修及访学情况:2016澳大利亚悉尼科技大学访问学者、客座副教授;2015台湾朝阳科技大学 访学交流、拓展并丰富学术领域;2012中兴通讯学院PON产品培训、培训讲师;2009中兴通讯学院光传输技术、培训讲师。

前言

PREFACE

互联网定义了许多产业,许多产业也在改变互联网的逻辑思维。汽车+互联网孕育产生了车联网、汽车电商、自动驾驶等新鲜事物。其中车联网的发展非常火热,是物联网技术应用于智能交通领域的集中体现。随着智能交通系统的发展,车联网作为物联网在交通领域的典型应用,上到城市建设发展,下到人们的出行效率,都发挥着越来越重要的作用。中国作为全球最大的汽车市场及全球最大的移动互联网市场,涉及汽车、电信运营商、互联网公司等多个行业及大量公司的积极参与。

我国自"十五"规划开始设置智能交通作为国家经济和社会发展计划纲要中的重点研究方向。直至2018年12月,中国信息通信研究院发布了《车联网白皮书》,从技术、产业、政策措施三维度分析国内外车联网产业的发展现状与发展趋势。同时,工信部印发《车联网(智能网联汽车)产业发展行动计划》,提出突破关键技术,构建支持LTE-V2X、5G-V2X,通信与计算机相结合的车联网体系架构。2019年6月世界移动通信大会,作为通信设备商的华为成立智能汽车事业部,加大对车载计算、自动驾驶和智能汽车互联的战略投入,提供V2X的解决方案。目前车联网的发展让汽车厂商更加积极,但是超级应用并未出现,那么对于未来许多产业机会正在萌芽,移动端和车载端的融合、触摸屏等数字技术,乃至更加前沿的无人驾驶都给了汽车业无穷的机会空间去探索。

车联网的关键技术之一是汽车如何安全可靠地与外界网络联网通信,协作通信和机器学习的融合,实现汽车与汽车之间的相互连通。由于车辆的高速机动性,传统的移动计算面临着高效、快速的资源调度和功率分配等挑战。同时,实现车辆之间的接入网服务是在车辆附近提供通信服务的重要方法之一。因此,尽可能接近的通信部署,研究车联网新的体系结构,对未来智能交通系统的发展非常重要。而连通性作为车联网的一个基础而重要的指标,对于车联网的网络规划、拓扑控制以及用户体验都具有非常重要的意义。

目录

CONTENTS

第1章 绪论/1

1.1 研究背景与意义/1
1.2 车联网中的研究现状/3
1.3 主要研究内容及结构安排/12

第2章 融合无蜂窝网络的车联网协作通信性能研究/14

2.1 引言/14
2.2 车联网络模型/14
2.3 融合无蜂窝车联通信网络/18
2.4 融合无蜂窝网络的协作性能分析/20
2.5 仿真及分析/24
2.6 本章总结/28

第3章 基于移动接入点的协作通信性能研究/29

3.1 引言/29
3.2 移动接入点的协作需求/30
3.3 基于5G移动接入点的无蜂窝通信体系与建模/31
3.4 移动接入点的选取策略/35
3.5 移动接入点的协作算法/37
3.6 仿真及结果分析/41
3.7 本章总结/44

第4章 基于V2V的车联网协作通信性能研究/45

4.1 引言/45
4.2 基于车联网流量业务的时空分布模型/46
4.3 机器学习预测/50
4.4 V2V协作通信算法描述/54
4.5 实验及分析/59
4.6 本章总结/68

第5章 城市密集交通场景下的V2V性能优化/70

5.1 引言/70
5.2 系统模型与优化构建/71
5.3 密集交通场景的组网算法/75
5.4 机器学习的优化构建/79
5.5 最优策略及迭代/90
5.6 算法仿真及结果分析/94
5.7 本章总结/98

第6章 总结与展望/100

6.1 研究总结/100
6.2 研究展望/101

参考文献 /103

第 1 章 绪论

1.1 研究背景与意义

近年来,城市交通发展带来道路交通伤亡,交通拥堵引起生产率下降,环境污染和碳排放日益增加,燃油消耗等问题日益凸显,从而阻碍了经济增长的总体效益。如何低投入、高效率的保证交通安全、提高交通效率成为人们越来越关注的问题。计算机与互联网的发展促使通信技术、控制技术、图像处理等信息交互呈多维度的发展。车联网作为一种新兴的技术,即"汽车移动物联网技术",是智能交通系统以及未来城市交通的智能中枢。围绕车辆的信息互联,旨在实现人与车、车与车之间的信息交换,实现智能化的识别、定位、跟踪、监控,达到保证交通安全,改善交通效率,提升环保绩效的目的。

在车联网中,车辆与围绕人类生活相关的智能设备进行互联,车辆与其他交通设施/物联网设施进行互联,实现了车辆与公众通信网络组成的动态移动通信系统。而根据不同的功能需求,车联网可提供可靠的交通信息技术应用,提供可靠连接的车对车无线通信。伴随着先进技术的发展,未来所有车辆都将通过无线连接收集传感器数据,并与其他车辆形成车与车之间的通讯(V2V),与地面道路基础设施形成车与路面设施的通讯(vehicle to infrastructure,V2I),共享交通动态信息。车联网架构中 V2X 被概括还包括车辆与行人之间的通讯(vehicle to pedestrian,V2P),车辆与云端服务器的通讯(vehicle to cloud,V2C),共同提高地面交通的效率和安全性。车联网的信息交互,可以从其他车辆接收和聚合信息,以改进其制动系统的能力,增强安全气囊的功能,并减少燃料消耗和环境污染。目的是使人们方便地获取实时道路交通信息,保护出行的便利性,提高出行的舒适性。目前车联网的主要应用服务分类如表 1-1 所示。

表 1-1 车联网的应用服务分类

服务类型	服务方式	服务举例
安全型	主动安全	速度控制、车道保持系统、主动防撞技术、碰撞预警系统、辅助驾驶系统、驾驶员监控系统、倒车辅助系统、电子防盗、轮胎气压监测系统等
	被动安全	碰撞安全系统、碰撞安全措施、自动定位、紧急求助等
便利型	智能监控	位置查询、轨迹跟踪、防盗防劫报警处理、运输任务调度、信息发布运营管理等
	智能公交车	监控和查询目标车辆的位置、速度、运行时间、车辆状态、自动电子收费等
娱乐型	在线游戏、视频	与智能电话同步音乐、视频,道路救援、股市行情、酒店查询等

传统汽车产业将被新兴的车联网技术打破商业边界,车联网技术的行业规范和标准制定,受到学术界、产业界和各国政府的广泛关注。各国政府在车联网领域的国家战略、法律法规、发展规划、标准规范等多个层面布局,开展了许多研究项目,抢占本轮产业发展的全球制高点。如美国 2010 年交通部下设部门"研究与特殊项目管理局(Research and Innovative Technology Administration,RITA)"发布了"智能交通战略研究计划(2010—2014)",对美国车联网技术的发展目标、实现途径以及智能交通系统建设等问题进行了详细规划部署。2011 年 5 月智能运输协会(ITS America)制定了"智能交通战略研究计划(2015—2019)",研究重点集中于"互联汽车"、"自动驾驶"、"新兴功能"、"企业数据"、"协同性"及"加速产业扩张"六大领域。2018 年 ITS 提出重点为交通运输的智慧城市和一体化移动白皮书,发展智能交通依赖于影响智能城市发展的智慧环境、智慧治理、智慧生活等其他维度之间的相互协同关系。2019 年 ITS 则提出无人驾驶汽车与无障碍,为残疾人设计的未来交通工具的白皮书。日本的道路交通车辆智能化推进协会(Vehicle、Road and Traffic Intelligence Society,VERTIS),自 2010 年启动 ITS-Safety 计划。欧洲 ITS 促进组织,道路运输通信技术实用化促进组织(European Road Transport Telematics Implementation Organization,ERTICO),推行 SAFESPOT 项目等。同时,国际化标准组织也积极制定了以 IEEE 802.11p 为代表的车联网的相关标准。

我国自"十五"规划开始设置智能交通作为国家经济和社会发展计划纲要中的重点研究方向。作为智能交通的重要组成部分,车联网的概念源自通用汽车公司 2010 年上海世博会上的短片-对 2030 年交通的展望,至此车联网的概念正式为大众所熟知。2017 年 2 月,国务院发布《"十三五"现代综合交通运输系统发展规划》,提出加快推进智慧交通建设。2017 年 9 月,工信部发布关于征求《国家车联网产业标准体系建设指南》意见的通知,规划建成车联网产业国家标准体系。2018 年 12 月,工信部批复 5G 试验频率,三大运营商获得 5G 试验频率使用许可批复,全国范围的大规模 5G 试验已经展开。2018 年 12 月,中国信息通信研究院发布了《车联网白皮书》,从技术、产业、政策措施三维度分析国内外车联网产业的发展现状与发展趋势。同时,工信部印发《车联网(智能网联汽车)产业发展行动计划》,提出突破关键技术,构建支持 LTE-V2X、5G-V2X,通信与计算机相结合的车联网体系架构。2019 年 6 月世界移动通信大会,作为通讯设备商的华为成立智能汽车事业部,加大对车载计算、自动驾驶和智能汽车互联的战略投入,提供 V2X 的解决方案。高通则在 V2X 与智能仪表,车内仪表互联提供智慧交通产品。中兴等企业群体,提供 5G 远程驾驶、高精度定位、智能驾驶监控等多种应用场景。

学术界自 2010 年以来,车联网相关的研究性课题如"车载多传感器集成关键技术研究"(863 计划),2011 年清华大学姚丹亚教授主持的"智能车路协同关键技术"(863 计划),2017 年的"面向 5G 应用的车联网基础理论与关键技术"国家自然科学基金重点项目指南等多项项目如火如荼地开展。其他如清华大学、北京交通大学、西安电子科技大学、武汉大学等多所高校启动车联网技术的相关研究,在车联网中高 QoS、移动模型、网络连通性分析等方面均有了系统性的研究成果。国外如欧洲的车对车通信联盟(car to car communication consortium,C2C-CC)和美国的车辆基础设施一体化(vehicle infrastructure integration,VII)国际工业化组织,关于车联网需求、构架、挑战、标准和解决方案的研究,提供了车联网络体系结构、协议套件及应用需求,对车联网技术的发展起到了重要的推动作用。

1.2 车联网中的研究现状

车联网本质上是一种特殊的移动自组织网络(mobile ad hoc networks，MANET)。除继承了传统 MANET 的节点高速运动、网络拓扑动态变换频繁的特性外，还有区别与传统 MANET 的特性，如车辆节点的通信受道路地理位置形状的限制，受实时交通状态的限制，车辆间相互通信受路边建筑、行驶方向、相对速度等多种因素的影响。

在 2017 年第三季度的统计数据中，调查过去十年关于汽车网络的论文发表情况。

图 1-1 描述了过去十年中，与车辆通信相关的出版物的总数。对于 VANET，发表论文的数量明显增加，而 MANET 的论文发表数量则在 2012 年达到最高峰之后，开始减少。特别是 2012 年到 2016 年，VANET 的论文数量增长了 50%，而 MANET 则下降了 18%。图 1-2 描述了已发表的 VANET 的主题内容和时间分布。从顶级的车联网相关期刊、会议定义了 8 个研究领域，涵盖了与车辆通信相关的广泛主题。

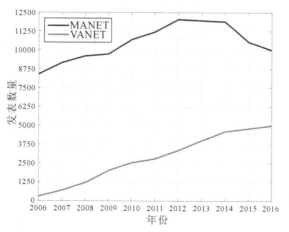

图 1-1 2006—2016 年谷歌学术中 MANET 和 VANET 的论文索引

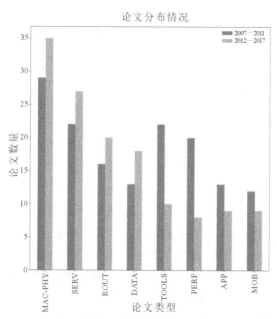

图 1-2 VANET 中的主要研究主题

VANET 中最常见的研究领域,分类如表 1-2 所示。如果论文关注点是链路或物理层相关的任何方面,如 MAC 算法、信道建模、网络编码或自适应发射功率控制,则该论文被标记为 MAC-PHY。APP 分类包含了所有针对用户应用的论文,如交叉口避免碰撞、道路拥堵通知、多媒体视频流等服务。ROUT 类代表提出一种新的路由协议的论文,而 MOB 类涉及移动性问题,如移动建模和集群算法。描述新工具、平台、框架或架构的论文被标记为工具,含实验部署研究和现场测试。数据和 SERV 类,前者侧重于数据的收集和传播,后者用于补充服务,如 QoS、安全性和本地化。

表 1-2 车联网的研究领域分类

主 题	描 述	典 型 例 子
MAC-PHY	MAC 和物理层问题	媒体访问控制技术,协议或算法,信道建模,调制和编码,自适应发射功率控制
PERF	性能比较分析	协议设计、测试和验证分析,协议性能比较分析
APP	应用层协议和服务	安全(如防止碰撞),效率(如避免道路挤塞),娱乐(如多媒体视频),环境(如污染检测)
DATA	数据管理	数据收集和信息传播方法(如广播)
SERV	补充服务	位置跟踪,位置估计校正,与基础设施网络的集成,服务质量问题,安全问题及对策
ROUT	路由协议	提出新的路由方案
MOB	移动性问题	移动、连接分析,建模、管理,聚类算法
TOOL	工具和测试	工具、平台、架构及框架提案,部署和现场测试,实验和原型的对比

结合表 1-2 的研究领域分类的描述及典型例子,从图 1-2 中可以看出,汽车网络的相关发表中,其中有 23% 的研究集中在 MAC-PHY 问题。即过去的十年中,学术界和工业界一直致力于在车辆环境中实现高效的无线通信。这期间也产生了 IEEE 802.11p 修正案和 IEEE 1609 无线接入汽车环境(wireless access in vehicular environments, WAVE)标准。网络编码在 VANET 中的适用性,也是造成这一趋势的主要原因之一。

路由协议仍然是一个重要的研究方向。首先,传统的 MANET 路由协议不适合 VANET 的特性和需求。在过去的十年中,已经提出了数十种路由协议,包括各种用于对它们进行分类的分类法。与传统的基于拓扑(主动、被动或混合)的 MANET 路由协议不同,最有前途的 VANET 替代方案是地理和延迟容忍网络(delay tolerance network, DTN)。前者更适合车辆通信,后者涉及到携带和转发策略,用于克服车联网中典型的间歇性连接。其次,增长最快(38%)的是传播策略和广播算法(数据标签)相关问题。如 Lee 所指出的,大多数应用程序协议依赖于数据传播策略的变体,以便适当的信息传播到信息来源区域的车辆节点。路由领域的主要挑战是同时解决冗余和效率问题。

工具类发表论文,从第一阶段的 22 篇下降到 2012—2017 年的 10 篇。可能是基于在最初几年的研究中,对工具和框架的巨大需求,为有效的研究奠定了基础。然而,随着未来几年汽车制造商采用车载通信技术,许多新的工具和框架可能会被引入。PERF 类的论文从 20 篇减少到 8 篇。这一结果表明,在协议性能比较和分析方面进行了较少的研究。随着 VANET 研究的发展,学者们更多地关注新的协议、服务和应用程序,而不是了解现有技术在新环境中的表现。因此,这个结果是可以预测的。同时,SERV 类的第二个阶段,涌现更多关于车辆网络与传统基础设施网络(如蜂窝网络)协作、集成的相关研究。另据不完全统计,2017 到 2019 年 6 月,VANET 与 5G 移动技术的联合是热点研究方向之一。

最后,在过去十年中,有两类研究出现了轻微的下降:移动建模和分析,以及应用层协议和服务。关于前者,由于已经有现实的基于二维交通的车辆移动模型,我们预计未来的研究将更加具体,包括地理位置移动建模和三维连接分析等研究内容。另一方面,关于 APP 则在对现有应用程序在新 VANET 场景中的行为进行了最初的建模之后,转向了更有影响力的研究主题。

在其他无线网络领域,科学的进步主要得益于仿真工具和数学模型的使用。分析建模、实验和仿真是可供研究人员使用的三种主要方法。第一种方法通常缺乏泛化,因为它没有考虑到内在的高度复杂性。第二种方法提供了现实的场景,如概念证明,但对于大规模的场景,在经济上是不可行的。因此,由于其较好的成本效益,仿真是目前研究人员采用的主要方法。考虑到复杂的车联网环境,及其区别于其他无线通信网络的特性,VANET 由于网络拓扑随着车辆终端的快速移动而动态变化,再加上基站的切换、无线信道的恶劣环境,使得车联网具备其独特的网络特性。其中有利于车间通信技术发展的有不受限制的通信能耗、高性能的计算能力、车辆位置信息和可预测的车辆移动轨迹。而由于交通环境的复杂性,制约车间通信技术发展的特性有复杂的无线传输环境、潜在的大规模特性、高动态特性、分区网络特性和网络安全隐私等挑战。目前已有的支持车联网的无线通信技术,包括在车联网中广泛应用的 IEEE 802.11p 为主的短距离通信(dedicated short range communication, DSRC)协议和基于蜂窝网技术的 C-V2X(cellular-vehicle to X)协议,涵盖 LTE-V(long term evolution-vehicular)蜂窝网,不能有效满足车联网的综合业务如高连通性、低时延的 QoS。因此,建立起一种实时的、准确的、高效的智能交通系统,保证车联网业务的 QoS 要求,成为亟需解决的问题。

鉴于此,本书在跟踪国内外最新研究进展的基础上,围绕车联网性能中联合机器学习和协作通信的关键技术展开研究工作。旨在通过分析车联网中满足不同需求的接入方案,提出新的网络体系结构,建模分析和预测车联网交通流量,优化车联网的性能。核心问题涉及到车辆终端如何接入移动网络,实现动态、开放、自组织、易于部署和低成本效益的车联网络。本章内容主要包括三个部分,首先,调研和讨论车联网通信技术的挑战和研究热点,其次,给出车联网中协作通信的研究现状;再次,结合当前车联网中最流行的机器学习的发展和现有问题进行讨论;最后,概括全文的主要内容和结构安排。

1.2.1 车联网中的协作通信

协作通信(cooperative communications)包括协作中继(cooperative relaying)和协作分集(cooperative diversity),是未来高效频谱利用的关键技术,是近年来发展最快的研究领域之一。早在 1968 年 Van Der Meulen 提出的经典单中继信道模型确立了协作通信研究的开端,Gupta 和 Kumar 在 2000 年提出协作通信对网络信息承载能力的研究,从而吸引了世界各国学者的关注。用户协作的核心思想之一是在多用户的通信环境中采用多天线,获得空间分集增益,形成虚拟天线阵列(virtual array),实现多个网络节点之间的资源共享,从而达到节省整个网络资源的目的。目前已有各种不同的协作传输制式和协议,研究无线网络在多用户方案下的缩放规律,从而提高无线网络的传输速率,扩大无线网络的传输距离,增大无线网络的覆盖范围,提高信道传输可靠性,来提高无线网络的传输能力。

协作通信根据参与协作的网络元素不同,可大致分为基站间协作、基站与终端协作、终端间协作及异构网络间的协作等,协作通信技术分类如图 1-3 所示。

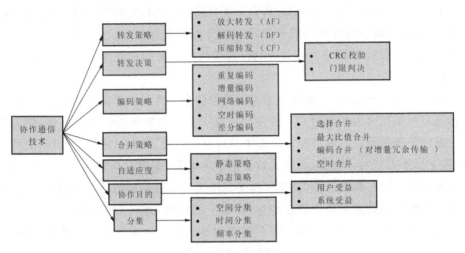

图 1-3　协作通信技术分类

基站间协作是利用多个小区发射天线的协作来共享相关信道信息和数据信息,优化小区边缘的可靠链路连接,在多个协作基站间实现毫秒级的信息交互,支持较高容量和可靠传输,有效解决小区边缘的干扰问题,提高通信系统的频谱效率。基站与终端的协作有多个基站和多个终端组成虚拟的多输入多输出(virtual multiple-input multiple-output,V-MIMO)模式和基于中继的协作通信网络模式,基站、中继和终端用户通过协作优化传输,改善链路传输质量,拓展网络覆盖范围,最大程度地提升系统容量和用户服务质量。终端间的协作由用户设备构建虚拟 MIMO 传输,充分利用 MIMO 信道空间特性,采用互助式的中继功能或协作传输,在用户终端、中继、协作终端和基站间通过协作构成通信链路网络来优化传输,实现用户终端与基站间的高速数据交互,提供更好的信道质量来降低多小区间的干扰,极大的提升系统整体吞吐量,改善小区边缘用户的服务质量,实现系统整体功耗更低的绿色通信网络的目标,是未来重要的研究和发展方向。终端间的协作传输示意图如图 1-4 所示。

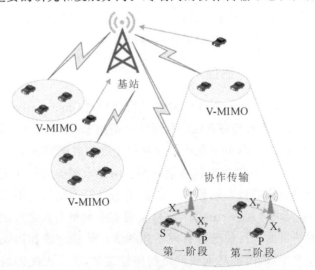

图 1-4　终端间的协作传输

车载自组织网络(vehicular ad-hoc network,VANET)的概念起源于无线传感器网络(wireless sensors network,WSN)的应用。在 VANET 的早期,许多设备和协议直接来自 WSN 和 MANET。然而,由于车辆的快速移动,许多现有的协议,包括 ZigBee 和蓝牙都不再适合 VANET。相比之下,IEEE 802.11p 和 LTE 被认为是 VANETs 中最重要的两项技术。基于以上技术,开发了各种 VANET 体系结构。通常,不同的体系结构可以分为两类,即基于基础通信设施的体系结构和基于管理器的体系结构。

在基于基础通信设施的体系结构中,沿着道路部署基站(base station,BS)或接入点(access point,AP),作为路边单元(road side unit,RSU)为车辆用户提供接入服务。另一方面,在基于 MANET 的架构中,车辆用户以点对点的方式相互通信。由于 MANET 的特殊性质,执行路由和资源分配非常重要。为了解决路由和资源问题,一些研究工作提出了多种方案,其中实现基于软件定义的移动云计算的本地集中路由和资源分配方案是一种很有前途的方案。在 5G 通信网络中,可以同时使用基于基础设施和基于点对点的通信模式。本书结合传统的蜂窝接入技术和设备对设备(device to device,D2D)技术来构建未来的 VANET,利用这些技术为新一代 VANET 提供性价比高、易于实现的方案,以安全的车载通信为基础,满足低延迟、高连接率和大量数据传输的需求。此外,如何有效地将 VANET 连接到当前和未来的移动通信系统仍然是目前研究的热点问题。

IEEE 802.11p 和蜂窝网络都广泛应用于 VANET 中,有很多研究工作都集中在这些方面。文献[22]中分别给出了基于 802.11p 和 LTE 的 VANET 性能分析的理论框架,并得出现有蜂窝网络支持车辆安全通信的能力不足的结论。另一方面,考虑到 5G 移动通信在时延、数据速率和可靠性方面都能提供非常有吸引力的 QoS,与目前 LTE 相比,5G 移动通信技术成为车联网实现的一个非常有竞争力的候选方案。此外,基于 5G 通信的研究,可以用非常低的成本连接到无处不在的移动通信系统。然而,仅仅在 VANET 中使用 5G 通信网络的固定基站可能会遇到很多问题,包括频繁的切换、不理想的连接和不可预测的延迟,这些都是由车辆用户的移动性造成的。

为了解决这些问题,学者们提出了许多方法,其中一些是与移动中继或移动 AP 相关的。在与移动中继或移动 AP 相关的方法中,有两种典型的应用程序场景。第一个场景是关于公共交通系统,如高速列车(high speed train,HST)、公交车等,采用一个或多个移动中继器安装在 HST 或公交车上。这些 HST 或公交车上的移动终端与中继器通信,从而接入核心网络。在这些工程设施中,AP 代替了移动中继器。通过这种接入方式,因为避免了频繁切换,在 HST 或公交车上移动小蜂窝小区比沿着道路移动的固定蜂窝小区提供更高的访问服务质量。这些基于移动 AP 的方案,通信性能主要取决于移动 AP 与核心网络之间回程链路的性能。与移动中继器或移动 AP 相关的第二个场景是关于安装在车辆上的中继器或 AP。在此场景中,其他车辆甚至行人用户通过移动中继器或 AP 连接到核心网络。由于中继器或移动接入点与用户之间的相对运动,通信也受到不可避免的切换影响。此外,与第一个场景一样,第二个场景也面临移动中继器或 APs 与核心网络之间的回程链路的性能影响。事实上,即使在基于固定基站的移动用户 5G 通信网络中,与切换相关的问题也是影响系统性能的关键因素。为了克服 5G 网络中与切换相关的性能问题,一些研究人员提出了使用基站间或移动接入点之间的协作通信的解决方案。应用于车联网领域则是通过终端车辆之间的通信协作,改善网络边缘和通信盲点地区的用户服务质量。图 1-5 给出用户终端网络式协作传输的示意图。位于小区边缘的某一用户终端,可采用邻近中继和其他用户协作通信,实现用户终端与基站之间的大量高速数据交互,改善用户终端和基站之间直通链路通信可靠性不高的问题。

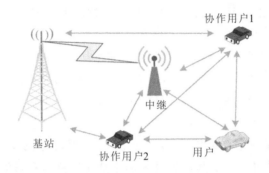

图 1-5　网络式分布协作通信

1.2.2　车联网中的机器学习

在过去几十年中,人类社会的各个方面都积累了大量的数据,且人类收集、存储、传输和处理数据的能力取得了飞速的提升。机器学习利用经验或数据优化计算机算法,结合经验不断改善自身的性能。机器学习的核心目标是从数据中学习某种概念,学习数据规律,对数据进行模式识别,进而完成某些任务。典型的机器学习模型框图如图 1-6 所示。机器学习算法受到广泛关注并被应用到很多领域,尤其是在计算机科学的诸多分支领域中,如数据挖掘、搜索引擎、生物信息学和车联网等领域都有涉及到机器学习。机器学习作为人工智能时代取得革命性进步的重要推手,发挥了重要的作用。

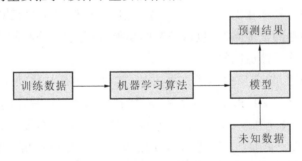

图 1-6　机器学习的典型框图

机器学习从数据集标签的角度进行分类,有无监督学习(unsupervised learning)、半监督学习(semi-supervised learning)、监督学习(supervised learning)和强化学习(reinforcement learning)。其中监督学习从给定的训练数据集中学习预测函数,根据此函数预测新数据的输出结果。常用的监督学习算法有回归分析(regression)和统计分类(classification)等。监督学习的训练数据集包括特征输入和目标输出,其中目标是由人标注的,且所有训练数据均有标注信息。无监督学习则直接对训练集的特征建模并找出其潜在类别规则,与监督学习相比,相同点是都有训练集且都有特征和目标,区别是训练集目标是否由人标注。无监督学习训练集没有人为标注信息,常见的无监督学习算法有可视化(visualization)、聚类分析(clustering)和密度估计(density estimation)。半监督学习介于监督学习与无监督学习之间,利用部分标签数据和部分无标签数据学习预测函数。强化学习是为了达成目标,随着环境变动来逐步调整其行为,并评估每一个行动之后所得到的回馈是正向的或负向的。强化学习算法大致分为瞬时差分法、动态规划法和蒙特卡洛法。图 1-7 给出了监督学习和强化学习两种模式的标注框图,来更好地区分这两种常用的、重要的训练数据集学习方式。

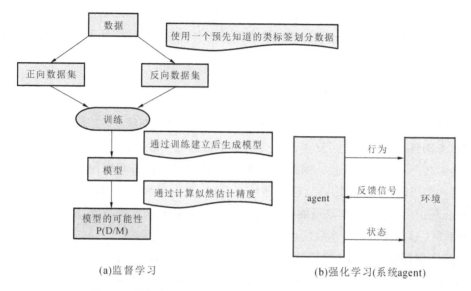

图 1-7 监督学习和强化学习的训练数据集标注模型框图

针对不同的学习方法,算法普适性的研究,即算法的泛化能力(generalization)还有很大的发展空间。近年来,很多技术对车联网的发展起到了极大的促进作用,在车联网领域中由计算机来实现自动驾驶是一个理想方案。抽象自动驾驶作为一个机器学习任务,输入是多个车载传感器接收到的各类信息,实时感知并获取车况(速度、温度及车辆工况等)信息,输出则为油门、方向、刹车等制动的控制行为。同时由于城市交通流的周期性,车联网中的数据流量在时空维度具有规律性,当车辆与异构网络的基站(如宏小区,微小区和微微小区)相关联,最重要的问题之一是在这些基站之间利用车辆数据流量的规律性来进行负载均衡。针对某些任务,将收集到的数据进行存储和处理,分为训练集数据和测试集数据,并分别计算误差,然后对测试集数据的误差来表示模型与算法的普适性,再次学习出最优策略来证明算法的有效性。

车联网的性能分析中,上一节提及的协作通信涉及到机器学习的相关算法。中间件技术(middleware)是当前软件研发领域当中的核心技术,实现无线射频识别(radio frequency identification device,RFID)硬件设备与用户应用系统之间的数据传输、数据过滤、格式转换等操作的中间程序,将 RFID 读写器读取的各类数据信息,经过软件的提取、解密、过滤、格式转换等操作,导入车联网的应用程序中,并通过应用程序系统的用户界面来供车联网用户使用。具体涉及到车辆路径导航中间件、紧急事件处理中间件、车辆辅助驾驶中间件、交通信号控制中间件等。每种中间件的开发都参照车联网应用服务的标准进行。席卷自动驾驶技术、车联网领域的卷积神经网络(convolutional neural network,CNN)利用贪婪逐层训练的方法深度学习,进行特征提取,估计未知函数,使用多层卷积层得到更深层次的特征图,以获取更加精确的网络函数估计值。基于深度学习技术的应用主要有神经网络模型、传感器融合方法和路径规划方法。基于强化学习的分布式机器对机器（mechine to mechine, M2M）通信分组调度算法用于车联网通信中，支持百万级别的连接需求，利用皮尔森线性相关系数（pearson linear correlation coefficient, PLCC）度量训练数据集的相关程度，评价算法预测的准确性。衡量客观评价算法，主观评价算法的偏离程度则是均方根误差函数（root mean square error function, RMSE）。对不同的车联网需求采用不同的机器学习算法，研究车联网中车辆与车辆（V2V）、车辆与路侧单元（vehicle to RSU communication, V2R）、车辆与行人（V2P）等交互行为，学习和研究车联网的整体感知环境，都涉及到机器学习的有效应用。

◆ 1.2.3 挑战与研究热点

车联网的一个重要应用是传送各种交通安全信息，如车辆状态、交通事故信息、附近车辆类型和车辆移动状况等。当发送包含交通安全信息的消息时，交通安全消息的丢失或延迟可能会引起严重的交通事故。因此时延非常重要。与目前在车联网中广泛应用的 LTE 蜂窝网络和 IEEE 802.p 相比，5G 移动通信在延时、数据率和可靠性方面有更好的服务质量。因此，基于 5G 通信的车联网能够以更小的代价连接全球通信系统，能更好地支持车辆安全通信，5G 移动通信成为车联网通信的一个强有竞争力的选项。

在 5G 车联网中，严格的时延和连通性是必不可少的。仅使用 5G 通信网络中的固定基站将会面临许多问题，包括由于车辆移动所导致的频繁切换问题、连通性问题和不可预估的延时问题。这种情况下在车联网中联合采用传统的蜂窝移动网络可能会带来以下一些问题。

（1）频繁的基站切换问题，导致包括低 QoS、数据丢失和延迟增加等其他许多严重问题。

（2）延时高的问题。在没有直接通信链路的情况下的 D2D 多跳中继通信。在多跳通信路径中，中继的接收、处理和传输数据需要时间。中继路径中的跳数越多，VANET 中的延迟就越大。

（3）连通性低的问题。车辆运动中其相对位置不断变化，使得车辆之间的连通性难以保证。

（4）负载不均衡的问题。车辆行驶中遇到道路交叉口、交通事故或者低速行驶的前方车辆，会导致交通堵塞；沿线车辆密度分布不均匀，车辆附近或路边的 BSs 面临重载甚至超载，从而降低 QoS。而其中高延时是最重要的一个问题，且频繁的切换和连通性问题也会导致时延增加。另外，在传统蜂窝移动网络中，多跳中继通信系统的传输，中继接收信息、处理完成并发送数据的时间是不可忽略的，因此在通信路径中选用的中继跳跃数越多，时延就越长。

针对这些问题，国内外学者们在协作通信中，对移动接入点、移动中继等方面进行了大量的研究工作。其中 Luo 等人提出了在车联网双向公路场景下相反方向的两辆车通过多个中继协作，采用基于模糊逻辑的协同传输方案来提高连通性。Giroire 等人考虑大规模交通系统下，移动车辆和地面基础设施网络联合的接入网模式来维护系统的连通性及时延要求。Rubin 等在指定范围内让行驶的车辆采用跨层无线网络配置分层网络体系结构的算法，确定网络系统参数的最优设置来改善系统延迟及吞吐量的性能。为解决车联网应用场景中移动中继及移动接入点方案中的频繁切换问题，采用移动接入点之间的协作通信成为一种有前途的解决方案。

作为 5G 移动通信无线传输关键技术之一的 D2D 通信技术，其基本特征是在距离较近的用户终端间建立直接通信的链路，其数据传输无需基站中转，实现终端间各种形式数据的直接通信。D2D 的通信架构如图 1-8 所示。基站协作 D2D 通信适用于短距离无线传播的车车通信(V2V)而得以快速发展。现阶段，D2D 资源分配的研究已取得许多有意义的成果。Zhang 等人从博弈论角度，基于最大联合顺序的分布式和协作的角度研究 D2D 资源共享的问题，制定可转移效用的联盟来解决资源分配，优化系统总性能。Nguyen 等人提出竞价策略来控制发射端干扰以保证网络用户的服务质量，分布式分配发射资源以保证 V2V 车辆对数据速率的最大化，并更新规则来达到纳什均衡(Nash equilibrium)。Kang 等人利用位置信息和信噪比信息来有效分配资源，提高资源的利用率。Azam 等人设计良好的联合接纳控制、网络模式选择和功率分配技术来提高系统总吞吐量，实现更高的数据速率。采用直接通信方式的 D2D 通信技术可以大幅提升车辆间数据传输速率、提高系统容量、减小系统开销、增强通信可靠性。

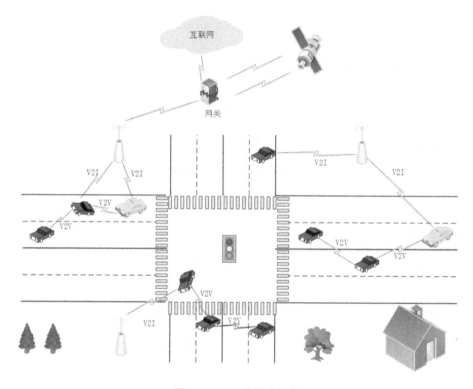

图 1-8　D2D 的通信架构

当车辆与异构基站(例如，宏小区、微微小区和毫微微小区)相关联，最重要的问题之一是在这些基站之间进行负载平衡。与普通移动网络不同，由于城市交通流量的周期性，车辆网络中的数据流量在时空维度上具有潮汐效应。通过利用此规律，Li 等人对于车载网络中的网络负载平衡，提出了一种在线强化学习方法。通过分布式用户关联算法不断学习车辆的动态环境，获得良好的网络负载平衡关联解决方案。Zheng 等人考虑成本效益，提出高密度的车辆和各种类型的车辆服务中，将软件定义网络和无线电资源虚拟化形成软件定义的异构车载网络，通过随机学习来优化虚拟化的无线资源调度方案，实现车辆环境中的低时延要求。

本书的研究在跟踪国内外最新研究进展的基础上，针对车联网性能中机器学习联合协作通信这两种关键技术进行了重点研究。这两种技术的核心问题都涉及到车辆终端如何接入移动网络，尤其连通性作为车联网的一个基础而重要的指标，对于车联网的网络规划、拓扑控制以及用户体验都具有非常重要的意义。而车联网是一种分布式无线网络,终端之间的链路建立可以不通过基站,将数据传送给目的终端,减少了基站的中继负担。但另一方面大量的链路存在而引起终端间的干扰,从而使得系统的网络容量减小。因此要对移动接入点及链路的建立进行折中考虑。其次,车联网的网络拓扑随着车辆终端的快速移动而动态变化,再加上基站的频繁切换、无线信道的恶劣环境,使得车联网的网络连通性问题的研究变得非常复杂。

鉴于以上的问题,本书的研究基于国家自然科学基金资助项目:移动融合网中随机拓扑缩放律研究(编号 61471180)和湖北省自然科学基金项目:跨小区多跳协作中继的无线通信能效优化(编号 2013CFB188)。移动融合无蜂窝网络,提出基于移动接入点的无蜂窝体系结构,建立车流量时空分布特征模型,研究网络资源的精准调度和动态路由预测机制,得到车联网通信的连通性等性能指标优化的最优策略。

1.3 主要研究内容及结构安排

本书在跟踪国内外车联网技术的最新研究进展上,针对车联网中基于移动接入点的协作通信网络体系结构、车联网中车辆的流量时空分布及移动接入点的空时协作、多层次多维度的资源调度和分配等问题进行了重点研究。分析车联网通信的中断概率,对资源供给和业务需求进行快速匹配,对车联网中的时延和连通性等关键性能指标实现优化,确保车辆终端能与至少一个基站、接入点或其他车辆相连,保证车辆终端间的正常通信。图 1-9 展示了本书的工作内容安排。

本书的具体研究内容,组织章节结构如下。

第 1 章,绪论。绪论中首先介绍了车联网研究的背景及意义,然后分析车联网的研究现状,其中调研和讨论了车联网中协作通信的研究现状,叙述了车联网中涉及到的机器学习算法及其预测。给出车联网技术的挑战和研究热点。最后概况全文的主要内容并给出论文结构安排。

第 2 章,融合无蜂窝网络的车联网协作通信性能研究。本章首先介绍了车联网络模型,主要介绍了三种网络模型:移动自组织网络、经典车联网络模型和融合无蜂窝通信网络模型。其次给出 5G 融合无蜂窝车联通信的优势,无蜂窝通信网络架构。再对融合无蜂窝网络的协作性能作出分析,其中涉及融合无蜂窝通信网络的基站分组方案、融合无蜂窝的网络连通性和通信能效。最后给出网络覆盖概率和通信能效的仿真与分析。

第 3 章,基于移动接入点的协作通信性能研究。本章首先给出移动接入点的协作需求,分析 5G 车联网的关键性能需求及传统蜂窝网络的挑战。其次建立基于 5G 移动接入点的无蜂窝通信体系模型,含移动接入点车联网模型,车载移动接入点的部署,移动接入点的优势及基于 5G 移动接入点的无蜂窝体系结构。再次根据覆盖范围及负载影响,给出移动接入点的选择策略,并对比分析三种移动接入点的协作选取策略,分别是独立随机选取、基于序列选取和基于距离选取。最后比对三种接入模式的覆盖范围和负载影响,仿真分析来评估不同移动接入点选取算法的通信连通性和可靠性。

第 4 章,基于 V2V 的车联网协作通信性能研究。本章基于无蜂窝结构的车联网流量业务的时空分布模型,建立随机几何的车流量空间分布特性模型,基于排队论的车流量时间分

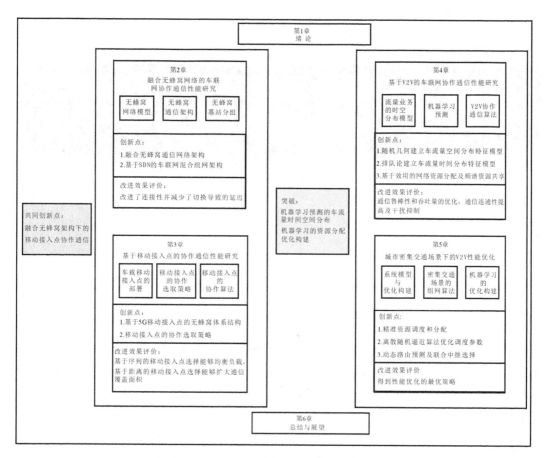

图 1-9 本书的章节内容结构图

布特性模型,采用机器学习算法对车联网流量进行分析和预测。其次采用基于效用的网络资源分配函数和各态历经的网络资源分配函数来进行用户分布及网络调节,求解协作通信下的最优功率分配和频谱资源共享。再次对机器学习的预测结果与实际结果进行对比反馈,依据用户的最优分布及实际分布,动态自适应的来改变网络调节函数因子,从而引导车联网用户终端合理的选择动态节点来接入网络,优化无线资源分配。最后通过仿真对比本书所提算法与随机分配资源算法,在提升系统吞吐量及通信干扰方面的性能比较。

第 5 章,城市密集交通场景下的 V2V 性能优化。针对城市密集交通情况下的频繁切换、高延时和低连通性问题,本章从多层次多维度的资源调度策略基础上出发,给出车辆之间的 V2V 信道模型,建立基于概率的城市道路组网。其次在城市密集交通场景的大尺度宏观车流模型和小尺度微观车流模型的不同层次上,提出密集交通场景下的组网算法,给出网络连通概率与车辆节点通信半径、车辆节点数量与能效算法。再次,空间和时间不同维度上,提出基于机器学习的移动接入点空时协作的精准资源调度和动态路由预测,对车联网中的无线通信资源进行调度和分配。将资源供给与业务需求进行快速匹配,保证车联网通信业务的低延时要求。最后,结合空间、时间和频率多维度模型,分析车联网通信在精准资源调度策略下,针对车联网时延和连通性等关键性能指标定义服务质量的效能函数,在存在随机干扰的情况下,采用离散随机逼近算法针对调度参数进行策略优化。

第 6 章,总结与展望。总结全文的研究内容,并指出今后车联网的热门研究方向。

第 2 章 融合无蜂窝网络的车联网协作通信性能研究

2.1 引言

为了满足不同类型的信息以高数据率和低能耗平滑的通过不同类型的异构无线网络传输,各种无线通信网络包括蓝牙、无线个域网(zigBee)、无线射频识别技术、无线蜂窝网络、无线局域网(wireless local area networks,WLANs)、无线电广播网络、无线传感器网络、人体区域网络以及其他网络,不同类型的异构无线网络之间需要做到互联互通。但异构无线网络的简单互联不能支持无处不在的信息服务,如电子商务、智能交通系统、远程医疗、大都市管理、安全监督管理、后勤管理、社会网络、社区服务等,需要新的网络架构以支持基于不同传输技术的异构网络的融合。

一般的通信网络的异构性有两个层次,一个层次是指蓝牙、无线个域网、WLAN、毫米波、甚至可见光通信(visible light communication,VLC)等不同的传输技术,另一个层次是指相同的传输技术下不同的配置和参数,如一个异构蜂窝网络是由一个宏蜂窝小区层,几个微蜂窝小区层和毫微蜂窝小区层组成的。传统的通信网络包括蜂窝网络和无线局域网有截然不同的特点,即在 BS 或 AP 周围的区域通信范围内,移动终端必须通过相邻的基站或接入点访问网络。这样的通信区域定义为蜂窝网络中基站相关联的"小区(cell)",或是无线局域网中接入点相关联的"覆盖区域"。车联网中异构网络的融合则有 V2V、V2I、V2P 和 V2N 等多种通信模式构成异构融合无线网络,且存在多种通信协议的并存,如 DSRC、Wi-Fi、蜂窝网和 WiMax 等协议。

在传统的异构蜂窝网络情景中,移动终端在异构网络的层间进行垂直切换,或在相同层的相邻小区间进行水平切换。因此,在各种类型的异构网络之间,需要执行复杂的切换算法和路由算法。近期研究表明,软件定义网络多年前已经被引入有线网络,现在正用于新一代网络管理复杂的移动网络和执行业务路由选择,且 SDN 也适用于管理复杂的异构网络,例如智慧城市中的 5G 网络。一些研究表明,可以改进 SDN 用于动态链路管理,这在 CoMP 传输网络中是广泛需要的,如接入网络链路或 5G 回程链路。本章采用 SDN 技术突破异构网络垂直分层和水平分区中的技术差距和地区限制,从而支持车联网中的信息服务。

2.2 车联网络模型

针对车联网的通信连通性这一重要特性,本节主要介绍了三种网络模型:移动自组织网络、经典车联网络模型和融合无蜂窝通信网络模型。

2.2.1 移动自组织网络

移动自组织网络是移动通信和计算机网络相结合,用户终端可以在网内随意移动而保持通信的网络。通信节点不需要经过基站或其他管理控制设备,直接实现点对点通信。当两个通信节点无法实现链路直连时,可由其他节点提供中继协作,实现网络内各节点的相互通信。MANET 因网络节点的移动性,主要的结构特征有物理拓扑动态变化,分布式自主管理与控制,通信物理链路受带宽约束,功耗及物理安全受限。关键技术涉及高效的数据传输技术,支持移动性的路由协议,多协议无线路由器技术。

将移动自组织网络应用于车联网中,VANET 模型的关键特性有以下几个。

动态拓扑:由于车辆的高机动性,VANET 环境的拓扑结构不断变化。两辆平均限速行驶在相反方向的车辆之间的连接持续时间很短。在高速公路或高速公路环境中,随着车辆速度的增加,这种连接时间会减少很多。

频繁断开:VANET 中车辆之间的链路连接,由于节点的高度移动和环境的频繁变化而导致频繁断开。

对不同拓扑结构和网络建模的网络结构,如何有效地选择路由发送数据包是 VANET 中一个关键的设计领域,以正确地形成一个通信网络,从而建立可信的网络体系结构模型。车联网作为物联网领域的核心应用,车辆网络连通的稳定性、安全性和可靠性对车联网的应用过程产生重要的影响。车联网的体系结构分为感知层、传输层和应用层。移动自组织车联网的体系架构如图 2-1 所示。

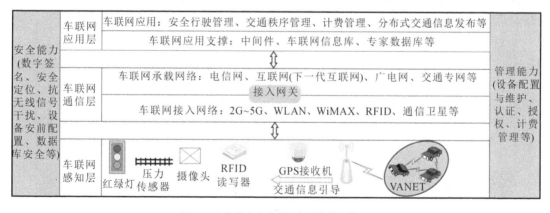

图 2-1 移动自组织车联网的体系架构

1. 信息感知采集层

车联网的信息感知采集层是车联网的神经末梢,全面感知和采集车辆自身信息,道路交通安全信息,为车联网应用采集基础而全面的终端信息。通过 RFID 技术实现感知采集层数据传输,采用摄像头、传感器、RFID 标签、读写器、车辆定位等技术,实时感知并获取车况(速度、温度及车辆工况等)信息。并利用控制系统,对车辆的实时位置、所处的道路环境等信息进行采集,将车辆与车辆、车辆与基础设施、车辆与人等各自独立的车辆、行人、基础设施互联。在自组织网络范围内的有源信息物理融合系统(cyber physical systems,CPS)结点之间传输采集到的信息,将有源 CPS 节点数据发送至数据网处理。

2. 网络传输通信层

整合感知层数据,制定专用网络架构和协议模型,协同异构网络间相互通信,实现 Internet 接入,完成数据分析处理和远程传输;综合利用虚拟化、云计算等技术,结合网络资源,向应用管控层提供透明的信息传输服务和应用支持。通过互联网的 CPS 结点(相当于传统网络中的路由器),实现车联网的网络通信传输,并因 CPS 结点而具有管理和远程监控功能。

3. 应用管控层

车联网的应用管控层,体系架构设计既符合现行的网络体系标准,又须兼容网络功能的未来拓展。除常规的车辆安全控制、交通事件风险预警和智能交通管理功能,还能为车联网用户提供便利型和娱乐型服务,如信息订阅、位置查询、轨迹追踪及在线视频等各类附加应用。对于应用程序中的数据处理,通过车载计算机和网络服务器来定义和实施,采用中间件技术来完成各项具体应用,与用户交互的方式和交互的内容则由人机交互界面来定义和实现。

◆ **2.2.2 经典车联网络模型**

虽然车载网络 VNET 并不是一个新的研究课题,但应用范围从关键的医疗服务到舒适的休闲活动的出现,仍不断为研究带来新的挑战和问题。VNET 的主要目标是帮助一组车辆在不使用任何中央基站或任何控制器的情况下,满足不断变化的用户需求,建立和维护通信网络,并且还应该符合技术标准和体系结构。在缺乏基础通信设施的环境下,采用车辆协作通信,每辆车都成为网络的一部分,负责移动车辆之间的通信,并根据车辆的通信需求来管理和控制网络通信。典型的 VNET 场景如图 2-2 所示。

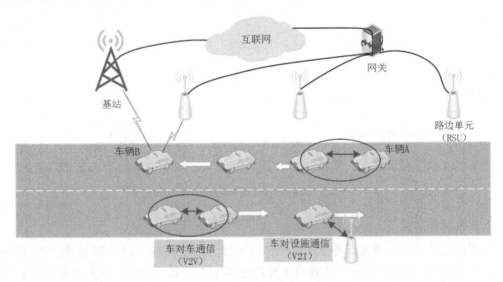

图 2-2 经典车联网络模型

图 2-2 中涉及的 VNET 场景中,交通信息网络控制平台通过装载在每辆汽车上的传感终端,实现对所有车辆的有效监管并提供综合服务,是将传感器技术、通信技术、数据处理技术、网络技术、自动控制技术、信息发布技术等有机地运用起来,建立实时、准确、高效的交通运输综合管理和控制系统。车联网架构中车载设备(on board unit,OBU)和路边设备结合,

提供路路通信（RSU to RSU communication，R2R）、V2R、V2V 和混合通信。由于数据速率的巨大需求和车辆终端的移动性，而导致通信场景变得更加负载不均衡和不稳定。

车联网数据分发的大规模性体现在用户对于服务请求的多样性、通信环境的复杂性及用户数据需求的增长。服务请求有如：自动驾驶系统数据的时效性，地域交通路况信息的及时播报，自动导航的最优路线选择等。通信环境有如：通信障碍建筑，车辆移动的不确定性，雨雪大风恶劣天气等。用户数量则由于车载设备的普及而呈现出爆发式的增长。

同时为了改善车联网中的信号干扰噪声比（signal to interference plus noise ratio，SINR），采用减小小区尺寸来实现车辆终端高数据率的需求。但随着小区尺寸的减小，小区内业务负载在时间域和空间域上波动明显，导致业务负载越来越不均衡。空间域业务负载的波动是由车辆节点的随机空间分布引起的，时间域业务负载的波动是由随工作和生活安排变化的车辆终端移动引起的。众所周知，更大的小区尺寸可以平滑空间域的随机波动。随着 5G 网络中小区尺寸的减小，车联网的业务负载均衡问题成为研究的热点。

◆ **2.2.3 融合无蜂窝通信网络模型**

软件定义网络在 2006 年由斯坦福大学的 Clean Slate 课题组率先提出研究性课题。紧接着在 2009 年由 Mckeown 教授正式提出 SDN 的概念，Mckeown 教授将 SDN 引入到有线网络，形成 SDN 的体系架构，如图 2-3 所示。SDN 技术被 MIT 列为"改变世界的十大创新技术之一"，主要优势是能更好的控制基础设施，有效的降低通信设备负载，从而降低整体系统的运营成本。目前 SDN 应用于新一代网络，管理复杂的移动网络和执行业务路由选择，且 SDN 也适用于管理复杂的异构网络，如适用于车联网的 5G 通信网络。在协调 CoMP 网络中改进 SDN，从而用于管理动态链路，如接入网络链路或 5G 回程链路。为了提高车联网的连通性和覆盖率，实现无处不在的网络服务，本章使用 SDN 技术，突破异构网络垂直分层和水平分区中的技术差距和地区限制，从而支持车联网中无处不在的信息服务。

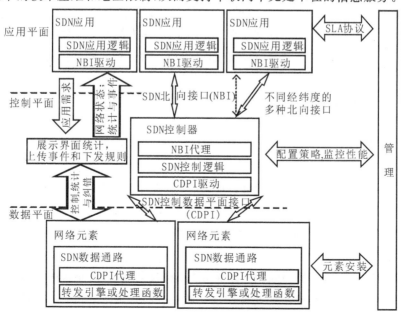

图 2-3　SDN 体系结构

本章针对基站或接入点之间进行协作通信的解决方案，提出了基于协作通信的无蜂窝通信网络架构，如图 2-4 所示。不同于传统的蜂窝架构，在无蜂窝通信网络架构中，一个用户不是与一个基站或一个接入点相连，而是通过多点发送与接收的方式与多个相互协作的基站和接入点进行通信。无蜂窝通信架构中配置的 SDN 网络控制器用于调度和分配无线资源，从而使得无蜂窝网络克服由切换导致的连通性问题，同时能够减小时延。

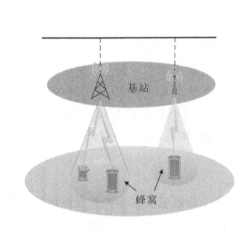
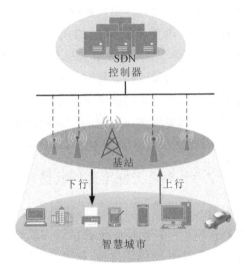

(a) 传统蜂窝网络　　　　　　　　　(b) 无蜂窝网络

图 2-4　从传统的蜂窝网络到无小区网络

在无蜂窝无线通信中，要实现基站、移动接入点与移动终端之间的无关联传输，需要改变移动终端的接入方式。如果需要与基站、移动接入点通信，移动终端会将其位置和周围的信道状态更新到 SDN 云。移动终端通过广播发送传输上行链路数据。附近的基站、移动接入点接收到数据后，将数据转发到云端的联合接收控制器，在此联合解码来自移动终端的数据。当有数据要发送到指定的移动终端时，云中的 SDN 控制器根据移动终端的位置和附近的信道状态，选择一个或多个 BS 形成协作组以执行下行链路的联合传输。

2.3　融合无蜂窝车联通信网络

基于不同类型的通信网络技术的异构网络在通信服务中遇到很多问题，列举其中的一些如下。

(1) 网络融合问题。为了克服垂直切换、水平切换和跨层路由的问题，如何融合异构网络成为车联网中一个至关重要的问题。对于主流的无线传输技术和通信网络，很难使异构网络彼此无缝融合。相反，各种异构网络彼此互连，因而，许多关于路由和协议的问题仍存在于异构车联网络中。

(2) 蜂窝网络中的负载均衡问题。随着 5G 小区尺寸的减小，小区的业务负载越来越不平衡。而且车联网的业务负载在时间域和空间域上波动明显。空间域业务负载的波动是由车辆节点的随机空间分布引起的。时间域业务负载的波动是由车辆节点随工作和生活安排变化的终端移动引起的。从而导致车联网中业务负载的不平衡问题。

(3) 切换问题。当 5G 蜂窝网络中的小区尺寸减小到几十米时,5G 蜂窝网络中车辆终端的快速移动会引起频繁的切换,并导致额外的切换延迟。当切换发生在不同类型的异构无线网络之间时,大量的开销将降低数据交换效率。

(4) 干扰问题。在干扰受限的传统蜂窝网络中,基站、移动接入点密度的增加不会导致平均干扰指标的增加。然而,车联网中复杂电磁环境下的超密集基站、移动接入点会面临高度相关干扰或噪声,相邻的基站、移动接入点的性能会显著下降。因此消除空间相关干扰是异构网络的一个重要的关注点。

◆ 2.3.1 5G 融合无蜂窝网络的优势

与传统的蜂窝网络相比,5G 融合无蜂窝通信网络传输模型如图 2-5 所示,具有如下优点。

1. 异构网络的无缝融合

无蜂窝通信网络在传输环境和用户需求上,采用互连技术和数据融合技术,并结合异构网络各自的优势,是实现跨层融合的强有力的网络机制。

2. 良好的业务负载管理能力

通过动态分组的基站、移动接入点的协作,无蜂窝通信网络根据 SDN 控制器的调度,将流量负载分配给基站、移动接入点,达到业务负载均衡。

3. 避免频繁切换

在融合无蜂窝通信网络中,移动终端不需要与任何固定的基站相关联。因此,避免了小区之间的频繁切换,有助于减少融合无蜂窝通信网络中的中断和迟延。

4. 提高覆盖率和能效

在异构无线网络中提出固定小区归属方案时,融合无蜂窝通信网络对移动终端与基站、移动接入点之间的归属方案进行重组。在无蜂窝融合通信网络中,采用灵活的分组协作通信方式,提高移动终端的覆盖概率。此外,当选择合适的 基站、移动接入点用于联合发送和接收时,可以优化能量消耗。

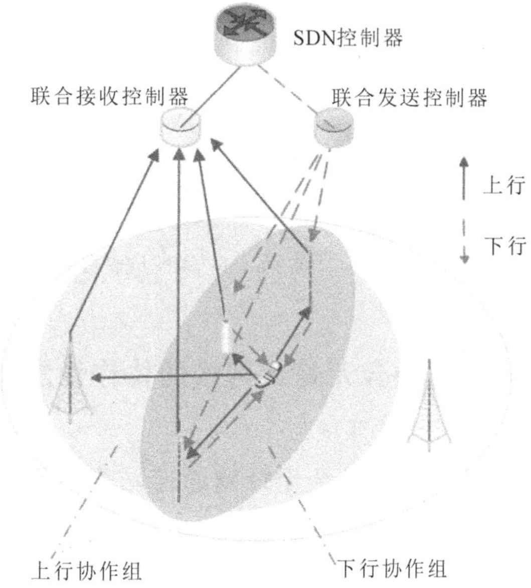

图 2-5 无蜂窝网络的传输模型

◆ 2.3.2 无蜂窝通信网络架构

无蜂窝通信网络架构如图 2-6 所示。SDN 控制器和核心路由器形成 SDN 云,其中控制平面是由云计算驱动的,而路由器和瞬时回程链路构成云的数据平面。考虑到无线信道状态及其要求,移动终端可以选择通过不同的上行链路和下行链路,访问一个或多个BS、移动 AP。或在移动终端闲置时选择不访问任何 BS、移动 AP,即移动终端在其开始发送数据之前不与任何 BS、移动 AP 相关联。因此,基站、移动接入点不需要维护相关联的移动终端列表，由 SDN 控制器通过控制链路选择基站、移动接入点为移动终端执行数据传输。SDN 控制器为基站、移动接入点的联合发送组或接收组创建动态回程链路和下行链路、上行链路，使其可以与同组群的其他成员协作，从而支持指定移动终端的联合传输和接收。

无蜂窝方案支持基站、移动接入点组的数量，根据不同环境下移动终端和无线信道状态的要求自动调整。因此，减少了切换引起的开销，保证了移动终端的覆盖概率。此外，网络中的资源分配由 SDN 控制器得以实现业务负载均衡，从而减小空间域和时间域的业务负载波动。

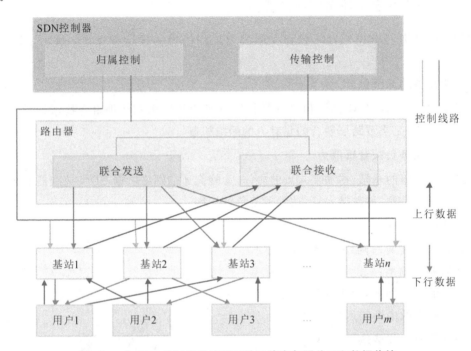

图 2-6　在 SDN 控制器的控制下的无蜂窝归属关系和数据传输

2.4　融合无蜂窝网络的协作性能分析

◆ 2.4.1　融合无蜂窝通信网络的基站分组方案

融合无蜂窝通信网络中分组方案取决于基站、移动接入点的空间分布和无线信道环境，如何形成基站、移动接入点的协作群是一个关键问题。BS、移动 AP 分组协作的基本准则建议如下。

1. 简单标准

考虑到 5G 智慧城市中 BS、移动 AP 的超密集部署，建议每个基站、移动接入点每次仅服务一个移动终端，但是允许一个 BS、移动 AP 服务于多个移动终端，以防高流量业务负载下可能出现的拥塞。

2. 经济标准

在 BS、移动 AP 组满足用户数据速率需求的前提下，选择尽可能少的 BS、移动 AP 以形成协作组。

3. 上行链路和下行链路的分组一致性标准

SDN 控制器尽可能为上行链路和下行链路始终保持相同的组用于传输。然而，上行链路和下行链路协作组的基站、移动接入点可能是不同的，特别是当车辆移动终端快速移动的时候。

4. 尽可能采用回程组播功能

为了减少回程开销，如果可能，下行数据通过组播方式发送给协作组。

5. 相邻移动终端的移动性预测

当 BS、移动 AP 分组用于活跃移动终端，必须获取相邻活跃和非活跃移动终端的分布状态，并预测相邻的活跃移动终端的发射和接收行为。此外，优化协作组的规模来以避免热点区域的通信拥堵。

6. 基站、移动接入点的预分组

考虑到协作基站、移动接入点在高业务负载情况下可能会频繁分组，通过评估最新的协作分组结果，采用预分组方案降低协作分组算法的计算复杂度，从而加速协作 BS、移动 AP 的分组速度。

一般来说，对于终端几乎不移动的室内场景，协作 BS、移动 AP 组不需要频繁的调整，而快速移动的车辆终端则需要频繁调整。为了保持快速移动终端的通信质量，在下行链路的传输中，更多的候选 BS、移动 AP 有利于分组。此外，为了保持通信质量的一致性，当用户的数据速率需求变化时，需要调整分组的大小。

2.4.2 融合无蜂窝的网络连通性

由于车联网的通信终端节点是车辆，而车辆终端的移动速度快，节点间链路维持时间短，网络拓扑结构变化频繁，导致路径寿命相对较短，具有快速的拓扑变化特性及高动态特性。这种低连通率现象，在车辆密度低的偏远地区和高速公路尤为普遍。在车辆密度大的城市交通中，无线信号密集且干扰强，大量建筑物的阻挡，广泛部署的红绿灯，使得路段上的车辆以簇的方式出现，车辆的通信距离比理论通信范围小很多，存在严重的广播风暴以及隐藏终端等问题。这些因素的存在，导致车辆节点无法构成拓扑稳定且完全连通的网络，大大增加了安全消息的传输时延和丢包率，难以保证车联网连通性的有效实施。

不同移动性的车联网连接场景下，车辆空间密度定义了道路上车辆的密度，道路长度 L 与节点空间密度呈反比关系。假设一段路的长度是 L_S，车辆到达率 λ，从 t_0 到 t_1，在路段 S 上车辆空间密度 ρ 为

$$\rho = \frac{C(t_1 - t_0)\lambda}{L_S} \tag{2.1}$$

其中 ρ 为时段 $t_0 \sim t_1$ 内的车辆空间密度。C 为速度系数因子。在移动的情况下，假设在路段 S 上车辆到达率 λ，平均相对速度因子 G_{SF}，则 t 时刻车辆平均数量 N 为

$$N = L_S \lambda (G_{SF}) \tag{2.2}$$

式(2.2)中，G_{SF} 为车辆平均相对速度因子。

静态场景下，路段 S 上的车辆形成静态排，在长度为 L 的路段上车辆按位置在时隙 t 内

组成一个排队队列 $\{V_1, V_2, V_3, \cdots V_N\}$，$X_i$ 表示车辆 V_i 和 V_{i+1} 间距离的随机变量，如有路径连接任何一对车辆形成车联网连接，则任意两辆连续车辆之间的距离都应小于车辆 R 的传输距离。设 P_c 为路段 S 中车辆的连通性概率，是车辆密度的函数，

$$P_c = \text{Pro}\{X_1 < R, X_2 < R, \cdots, Nd_{N-1} < R\} \tag{2.3}$$

R 是车辆的传动距离，X_i 是独立同分布的随机变量。在路段 S 上，至少有 k 辆车连通，连通概率为 P_c，则

$$P_c(k) = P(N \geqslant k) = \sum_{i=k}^{\infty} P(N=i) = \sum_{i=k}^{\infty} (F_s(R))^i = (1 - \exp(-\rho R))^{k-1} \tag{2.4}$$

式(2.4)中，$F_s(.)$ 是车辆间距的分布函数，N 是车辆总数，k 表示 t 时刻连接的车辆。ρ 如式(2.1)所定义，是时段 $t_0 \sim t_1$ 内的车辆空间密度。式(2.4)没有考虑车辆节点的移动性。

引入移动性是影响系统性能的核心参数，连通性就会发生变化。路段 S 上，到达率为 λ_i，车辆无线发射距离为 R，至少有 k 辆车连通，连接概率 P_c 为

$$P_c(k) = P(N \geqslant k) = \sum_{i=k}^{\infty} \left(1 - \exp\left(-L_s \lambda_i (G_{SF}) \frac{R}{L}\right)\right) \tag{2.5}$$

N 是车辆总数，G_{SF} 为车辆平均速度因子。将式(2.2)代入，则式(2.5)可以写为

$$P_c(k) = P(N \geqslant k) = \sum_{i=k}^{\infty} \left(1 - \exp\left(-N_s \frac{R}{L}\right)\right) \tag{2.6}$$

其中 N_s 是平均车辆数量，R 为车辆的无线发射距离，L 为公路长度。

2.4.3 融合无蜂窝的通信能效

为 5G 通信提出的无蜂窝网络，是从协作多点联合处理和分布式天线系统发展而来的。应用于车联网的复杂交通环境，如车辆节点间的通信受到天气状况、周围建筑物、意外障碍物及道路交通状况等因素的干扰，降低了车联网络的通信能效。采用无蜂窝网络的车辆在开始传输信息之前不与任何基站相关联。一个车辆可以由多个基站提供服务，且高耗能的通信设备可以从多个基站中获益，从而有更多的机会在满足传输功率限制的同时获得足够的能量。此外，所有移动接入点都通过回程链路与控制单元连接。控制单元负责计算并做资源分配，管理网络中的通信等，且总发射功率是有限的，根据发射功率的限制控制单元优化选择移动接入点，以便服务于每个车辆，实现资源利用的最大化。

考虑由一个控制单元，k 个移动接入点和 n 辆耗能车辆设备组成的无蜂窝网络，每个车辆 $n(n=1,2,\cdots,N)$ 有单一天线，每个移动接入点 $k(k=1,2,\cdots,K)$ 有 M_k 的天线。设 $h_n^k \in \mathbb{C}^{M_k \times 1}$ 表示移动接入点 k 与车辆 n 之间的传输信道，定义变量 $\{\alpha_n^k\}$（$\alpha_n^k \in \{0,1\}$），$\alpha_n^k = 1$ 代表移动点 k 选择服务车辆 n。因此车辆 n 接收到的信号写为

$$y_n = \sum_{k=1}^{K} \sum_{n'=1}^{N} (\alpha_{n'}^k, w_{n'}^k)^T h_n^k s_n^k + n_0 \tag{2.7}$$

其中 $w_n^k \in \mathbb{C}^{M_k \times 1}$ 为移动点 k 选择服务车辆 n 的波束形成向量，s_n^k 是具有单位功率的能量信号，n_0 为加性高斯白噪声（AWGN），$n_0 \sim CN(0, \sigma_0^2)$。再由 k 个移动点计算出车辆 n 处的速率

$$V_n = \xi_n \sum_{k=1}^{K} \sum_{n'=1}^{N} |\alpha_{n'}^k (w_{n'}^k)^T h_n^k|^2 \tag{2.8}$$

其中 $\xi_n(0 \leqslant \xi_n \leqslant 1)$ 是车辆 n 的能量转换效率。

在发射功率满足移动接入点的限制电平和预算功率的约束条件下，最大化即为融合无蜂窝的通信能效优化问题。

$$\text{OP}_1: \max_{w_n^k, a_n^k} \sum_{n=1}^{N} \xi_n \sum_{k=1}^{K} \sum_{n'=1}^{N} |a_{n'}^k (w_{n'}^k)^T h_n^k|^2 \tag{2.9}$$

$$\text{s.t.}: \sum_{k=1}^{K} \|w_{n'}^k\|^2 \leqslant \min\{P_k^1, P_k^0\}, (\forall k, n) \tag{2.10}$$

$$\alpha_k^n \in \{0, 1\}, (\forall k, n) \tag{2.11}$$

其中，$\{P_k^1\}$ 为移动接入点 k 处的发射功率限制，$\{P_k^0\}$ 为移动接入点 k 处的传输功率预算。

OP_1 问题属于混合整数优化，最优解的问题主要难点是解决 $a_{n'}^k (w_{n'}^k)^T$ 两个变量的乘法，其中 $\{a_{n'}^k\}$ 为整数。而目标函数非递减性，若将变量 $\{a_k^n\}$ 设为从 0 到 1，最优值不会降低，即最大化问题的自然特性和非递减目标函数，因此存在 OP_1 的最优解在 $a_k^n = 1, (\forall k, n)$。$\text{OP}_1$ 的求解算法可分为两个步骤。

1. 波束成形设计

设置 $a_k^n = 1, (\forall k, n)$，$\text{OP}_1$ 的问题可以表述为

$$\text{OP}_2: \max_{w_n^k} \sum_{n=1}^{N} \sum_{k=1}^{K} \sum_{n'=1}^{N} |(w_{n'}^k)^T h_n^k|^2 \tag{2.12a}$$

$$\text{s.t.}: \sum_{n=1}^{N} \|w_n^k\|^2 \leqslant \min\{P_k^1, P_k^0\}, (\forall k, n) \tag{2.12b}$$

常数 $\{\xi_n\}$ 因不影响最优解的结果，因此省略。定义 $\{w_n^{*k}\}$ 作为 OP_2 的最优解，同时可以看出，OP_2 问题具有凸函数极大化的形式，不利于求解。为了减少控制单元的计算负担，接下来考虑 $\{w_n^{*k}\}$ 的解析表达式。

对于 OP_2 的目标函数，将其转化为如下形式：

$$\sum_{n=1}^{N} \sum_{k=1}^{K} \sum_{n'=1}^{N} |(w_{n'}^k)^T h_n^k|^2 = \sum_{n=1}^{N} \sum_{k=1}^{K} \sum_{n'=1}^{N} |(w_n^k)^T h_{n'}^k|^2 \tag{2.13}$$

由于每个移动接入点的传输功率有限，将 OP_2 的最大化问题在不损失最优性的情况下，分解转化为 k 个子问题。具体则移动接入点 k 的子问题可以表达为

$$\text{SubOP}_k: \max_{\{w_n^k\}} \sum_{n=1}^{N} \sum_{n'=1}^{N} |(w_{n'}^k)^T h_n^k|^2 \tag{2.14a}$$

$$\text{s.t.}: \sum_{n=1}^{N} \|w_n^k\|^2 \leqslant \min\{P_k^1, P_k^0\} \tag{2.14b}$$

目标函数(2.14a)可以写为

$$\sum_{n=1}^{N} \sum_{n'=1}^{N} |(w_n^k)^T h_{n'}^k|^2 = \sum_{n'=1}^{N} (w_n^k)^H \left(\sum_{n'=1}^{N} h_{n'}^k (h_{n'}^k)^H\right) w_n^k \tag{2.15}$$

所有的最优波束形成器 $\{w_n^{*k}\}$ 会形成相同的光束方向 $\frac{\{w_n^{*k}\}}{\|w_n^{*k}\|^2} \equiv \frac{\{w_{n'}^{*k}\}}{\|w_{n'}^{*k}\|^2}, (\forall n, n')$，目标都是使和的乘积最大化 $\sum_{n'=1}^{N} h_{n'}^k (h_{n'}^k)^H$。移动接入点选择信道状态最好的车辆来传输信号，以此获得最大的传输功率，并使得所需车辆和其他车辆所获得的总能效最大化。因此，所选

车辆的车辆因子 $\bar{n}$ 符合 $\bar{n}=\arg\max_{n}\{\{|h_n^k|\}_{n=1}^N\}$。因此,每个接入点只需要形成一个传输功率最大的波束,闭合解 w_n^{*k} 可以写为

$$w_n^{*k}=\begin{cases}w_n^{*k}, & n=\bar{n}\\ 0, & 其他\end{cases} \tag{2.16}$$

其中,$w_n^{*k}=\sqrt{\min\{P_k^1,P_k^0\}}\,v_n^k$,$v_n^k$ 是标准正交特征向量对应于最大的特征值 $\lambda_{\text{largest}}\big(\sum_{n'=1}^{N}h_{n'}^k(h_{n'}^k)^H\big)$。

2. 移动接入点的选择

第二步中 α_n^k 最优值定义为 α_n^{*k},通过一个简单的闭式表达式如下:

$$\alpha_n^{*k}=\begin{cases}1, & \|w_n^{*k}\|^2>0\\ 0, & 其他\end{cases} \tag{2.17}$$

算法流程图如图 2-7 所示。利用此算法,控制单元的主要问题处理可以分解为 k 个子问题。解决这些子问题或将子问题分配到适当的位置来减轻控制单元的计算负担。此外,因移动接入点的选择和波束形成,移动接入点可以避免信道增益有限的低效传输车辆。第 3 章具体展开移动接入点的选择及对应的协作通信性能研究。

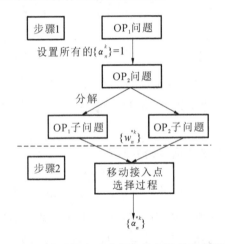

图 2-7 移动接入点选择和优化算法流程图

2.5 仿真及分析

2.5.1 仿真环境设置及关键参数选取

车联网交通研究开发人员在对车联网协议、车联网路由算法等应用功能及性能测试时,需要构建车辆与通信基础设施、车辆与车辆终端在不同的道路环境下的通信,实现和评估理论、算法的合理性和有效性。5G 网络架构引入网络功能虚拟化(network function virtualization,NFV)技术来解耦硬件和软件,在云化的基础设施上以虚拟功能网元的形式部署部分功能网元。用 SDN 实现了控制层和数据转发层的解耦分离,使网络更加开放来灵

活支撑上层应用业务。车联网的网络协议栈,参考 OSI 网络分层的思想,未采用 TCP/IP 网络模型,依据车联网的体系结构,与 Internet 互联互通,实现网络控制、数据安全传输等方面的内容。

车联网系统从网络端进行仿真及分析,形成一个端系统、管系统和云系统的三层网络体系结构。利用城市动态模拟(simulation of urban mobitlity,SUMO)仿真平台来完成车联网中的仿真。SUMO 道路交通仿真软件是微观的,空间连续,时间离散的。主体部分是德国宇航中心开发,为交通组织和研究人员提供一个开源的实现和评估理论算法的工具。从开源地图上下载街道地图文件,用道路文件描述行车道路,用车辆行驶文件描述车流量行为,产生车辆移动模型,并与道路模型相结合。其微观特征是支持多种网络输入格式,具有快速的开放图形语言(open graphics library,OpenGL)界面。对车辆则允许自由碰撞,支持单车路由的各种车辆移动模式。宏观特征可以管理超过 10000 条街道的网络,支持动态路由,设置有多车道道路,设置道路交叉口,且带变道等功能。交通行驶规则有靠右侧行驶等规则。其三维交通仿真平台如图 2-8 所示。

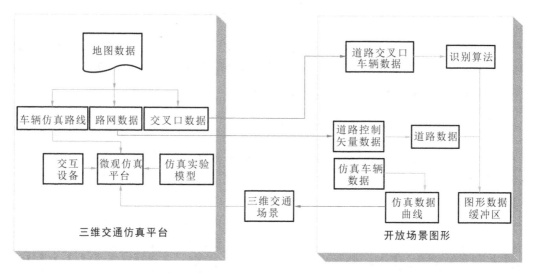

图 2-8　三维交通仿真平台

主要仿真实验设计根据开源街道地图下载道路数据文件,生成路网数据和交叉口数据,绘制路网模型和仿真车辆模型,建立车辆移动模型并与道路模型相结合,设置算法生成道路结构中车辆的几何顶点信息,实现理论算法的实验及仿真。在配置文件中,自动载入道路网络数据文件.net.xml、仿真车辆数据文件 sel.car.xml、场景文件.cfg.xml 和仿真路径文件.rou.xml,具体的数据处理流程如图 2-9 所示。

每一次仿真实验设计需要下载道路的街道地图形成场景文件,建立车辆移动模型并与道路模型相结合,描述行车道路形成道路网络数据文件,形成仿真路径文件 rou.xml 和道路网络数据 net.xml 两个文件信息。其中 rou.xml 文件用来描述交通需求,net.xml 文件用来描述道路信息。而道路信息又由以下四个文件描述:nod.xml 用来描述车辆节点信息;edg.xml 用来描述边的信息;typ.xml 用来描述预定义的边的类型(类似于做一个封装);con.xml 用来描述边到边的合并形式。

再次设置车辆流量行为描述,形成仿真车辆行驶流量数据文件 sel.car.xml,使用介观

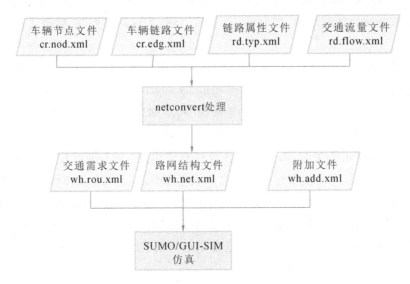

图 2-9 SUMO 数据处理流程图

队列模型（mesoscipic queue-model），采用 java 接口用于连接和扩展信息通过 TraCI，建立车辆通信仿真。关注导入交通网络及导入数据丢失值的计算；修正网络的道路信息、交通信息数据及重新选择，验证和评估算法的合理性和有效性。

2.5.2 融合无蜂窝的网络覆盖概率

5G 智慧城市中可以部署超密集的基站、移动接入点来实现高数据速率，并通过大规模 MIMO 和毫米波通信技术减少每个 BS、移动 AP 的覆盖范围。在这种情况下，协同分组方案是满足智慧城市中移动终端覆盖需求的合理途径。

融合无蜂窝通信网络仿真设置中，为不失一般性的考虑仿真参数的影响，随机部署 50 个基站到一个 50 m×50 m 平面中，其中 30 个基站配置为活跃协作组中的成员。假定一个典型用户位于平面中的中心位置，其周围最近的 10 个基站配置为候选，用于融合无蜂窝通信网络中的协作分组。在融合无蜂窝通信网络中，协作组的大小限制为不超过 3 个基站。如果在候选基站中没有空闲基站，则选择典型用户周围的最近的基站来发送数据，即使该基站在其他协作组中是活跃的。

通过蒙特卡洛仿真来分析覆盖概率，如图 2-10 所示。仿真结果表明，当用户终端的 SINR 阈值配置为 $-15\sim5$ dB 时，图中本书提出的融合无蜂窝通信网络的覆盖概率明显高于传统蜂窝网络的覆盖概率。原因是本地 BS 形成的协作组，可以通过将组内的干扰转换成有用信号，来显著地减少 BS 之间的干扰。

智慧城市中大量的 BS、移动 AP 超密集部署。因此，在一些场景下，如中午的办公室，当业务负载低时，存在 BS、移动 AP 的冗余。融合无蜂窝通信网络提供灵活的基站、移动接入点休眠方案，以减少由 SDN 云计算控制的智慧城市中的能量消耗。详细的基站、移动接入点休眠方案解释如下。

(1) 基站、移动接入点可以配置为几种状态，如传送、就绪、监听和休眠。当 BS、移动 AP 处于传送状态时，由于动态分组方案，BS、移动 AP 可以向指定的用户终端发送数据或退

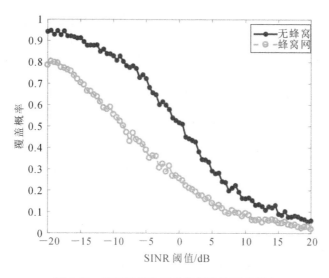

图 2-10　蜂窝网络和无蜂窝网络的覆盖概率

出活跃协作组。之后 BS、移动 AP 转到就绪状态。

（2）当传送大量数据时，可以根据用户与 BS、移动 AP 之间的信道状态，在协作组的成员之中动态分配传送功率。经过深思熟虑的电力分配方案，对节约能源是非常有意义的。

（3）在低业务负载情况下，如午夜的办公室，一些 BS、移动 AP 可以从就绪状态或监听状态转为休眠状态，以尽可能的节约能源。为了保证融合无蜂窝通信网络的覆盖概率，活跃 BS、移动 AP 通过自适应地增加发送功率，或在必要的情况下分组更多的协作成员，来增加覆盖区域。

2.5.3　融合无蜂窝的通信能效分析

利用与图 2-10 中相同的仿真场景参数设置，在融合无蜂窝通信网络中，20 个活跃基站被选中作为随机传送或就绪状态，其他基站配置为休眠状态。当一个 BS 正在休眠时，其相邻基站配置为服务活跃用户状态以保证该区域中的覆盖概率。考虑到 5G 移动通信系统中的小基站，基站的消耗功率配置为分别对应于休眠、监听、就绪、传送状态的 10 mW、50 mW、80 mW、200 mW。图 2-11(a) 显示了融合无蜂窝通信网络，在不同数量的协作基站下，关于休眠基站的数量的节能指标。数值结果表明，本书提出的融合无蜂窝通信网络中，基站的节能随着休眠基站的数量的增加而增加。然而，在融合无蜂窝通信网络中，与三个和四个 BS 的协作组相比，两个 BS 的协作组实现了基站的最大节能。

为不失一般性，将移动终端的原始发射功率配置为 100 mW。首先通过仿真，获得非联合接收场景下的接收数据速率。当在融合无蜂窝通信网络中采用联合接收方案时，移动终端可以自适应地调整发射功率，以获得与非联合接收场景相同的数据速率。当在上行链路配置为联合接收时，移动终端的节能指标如图 2-11(b) 所示。数值结果表明，本书提出的融合无蜂窝通信网络中，移动终端的节能随着协作基站数量的增加而增加。即融合无蜂窝通信网络不仅在基站处，且在移动终端处都能够节约能源。

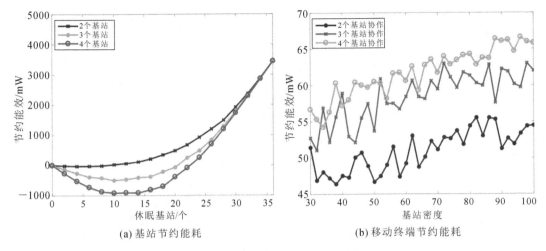

图 2-11 无蜂窝网络中的能量效率

2.6 本章总结

首先,本章提出了一个基于协作通信的无蜂窝通信体系架构和网络模型。与传统的蜂窝结构不同,用户不与单个基站或移动接入点关联,而是通过 CoMP 传输和接收,与协作基站或移动接入点通信。通过无蜂窝协作通信方案,改进了连接性,并减少了切换导致的延迟。其次,本章建立了低时延、高可靠的基于 SDN 的车联网混合组网架构,利用 SDN 收集车辆运动状态信息,获得全局网络视图,组织无蜂窝车联网中车辆构成多重 SDN 云,采用先局部后全局的方式实现网络资源的灵活调度,实现分布式同集中式相结合的资源调度和投放机制。最后,通过分析和评价 5G 融合无蜂窝通信网络的覆盖和能量效率,来评价该网络的性能。仿真结果表明,本章提出的融合无蜂窝通信网络,不仅在基站处和移动终端处都能够节约能源,且移动终端的能量效率随着协作基站数量的增加而增加。

第 3 章 基于移动接入点的协作通信性能研究

3.1 引言

目前车联网中广泛应用 IEEE 802.11p 和 LTE 蜂窝网技术。未来 5G 移动通信能更好地支持车辆安全通信。研究表明,5G 移动通信与现有的 LTE 相比,在延时、数据率和可靠性方面服务质量更好,而且基于 5G 通信的车联网能够以更小的代价连接全球通信系统,5G 移动通信成为车联网通信的一个有竞争力的选项。然而,在车联网中仅使用 5G 通信网络中的固定基站将会面临许多问题,包括车联网中车辆移动而导致的频繁切换问题、连通性问题和不可预估的延迟问题。

针对这些问题,国内外学者们提出了许多与移动中继和移动接入点有关的方法。其中文献[63]在高速公路车辆专用网络中,提出了一种分布式协议来构建稳定的端到端传输的多跳传输骨干链路,为端到端连接选择合适的中继。在高速公路车辆自组织网络中形成了两层网络结构,依靠多跳传输进行端到端通信,在车辆之间实现无线链路。从而显著提高多跳数据传输的可靠性,具有更高的吞吐量、更少的传输中断和端到端延迟。针对高动态车辆环境中 AP 之间的频繁切换引起的中断连接问题,文献[64]提出一种 SWIMMING 方案。上行链路采用单组播方式,为所有接入点都配置相同的 MAC 和 IP 地址,客户端发出的数据包即可被传播范围内的多个接入点接收。下行链路中发送给客户端的数据包,首先通过多播被推送到一组动态维护的接入点中,并跟踪移动的客户机,最终由客户机接收数据包,为移动车辆提供无缝漫游、链路可靠的基于 WiFi 的互联网接入。在移动车辆上部署小蜂窝移动接入点(moving small-cell access point,M-SAP),通过在宏小区内创建访问连接和回程连接,将正交频分多址的资源(资源块和传输功率)分配给宏小区用户,在满足现有宏小区用户和 M-SAPs 的最小可达数据速率要求的约束下,最大限度地提高微单元中新到达的 M-SAPs 的可达数据速率,来提高服务质量。文献[66]研究利用大量潜在的可用中继车辆,充当基站和终端用户之间下行链路会话的中继合作端,形成异构无线中继车辆云,采用预编码的协同传输技术来提取底层丰富的多径多普勒空间分集,以加强在人口稠密的市区的通信连通性。

上述研究虽考虑了车联网中通信时延和连通性的要求,但并未涉及与切换相关的通信性能问题。为了克服与切换相关的性能问题,第 2 章提出的基于协作通信的无蜂窝通信架构,通过多点发送与接收的方式,与多个相互协作的基站和接入点进行通信。但如何实现移动中继或移动接入点之间的协作通信,如何选择其中一些移动中继节点(一般是车辆)或固定中继节点(一般是路侧单元)进行协作通信,协作车载接入点如何为路上的其他车辆提供接入服务,仍是一个重要的研究问题。本章讨论在基于移动接入点的 5G 无蜂窝车联网方案中,选择合适的车辆担任协作移动接入点的原则和实现方案。

3.2 移动接入点的协作需求

目前,VANET 的重要功能之一是传输各种交通安全信息,如车辆状态、附近车辆类型、交通事故和车辆移动等。在传输包含此类信息的消息时,延迟或消息丢失可能会造成严重的影响。因此延迟是一个非常关键的因素。严格的延迟和连接要求在 5G VANET 中是必不可少的,下面将分别对此进行讨论。

3.2.1 5G 车联网的关键性能需求

1. 高连通性的要求

在关键的车辆安全通信中,人、车和环境相互协作,车辆的应用服务感知车辆周围的所有实时情况。这些实时状态数据具有位置敏感、频率高、持续时间长、信息量大等特点,对 VANET 的传输可靠性提出了更高的要求。随着应用和服务需求的不断增长,VANET 需要传输包括地理位置信息、速度信息、故障预警信息、交通信息等多种数据的应用信息。行人、车辆和环境之间,数据传输的高连接性对车辆驾驶的安全性和便利性至关重要。

2. 低延时

许多 VANET 应用程序,特别是未来的自动驾驶和其他与生命安全相关的应用程序,必须对车辆安全信息和交通信息做出迅速的反应。任何额外的传输延迟和不必要的处理时间应尽可能减少,以保证车辆的安全性。

3.2.2 传统蜂窝网络的挑战

在 5G 车联网的高连通性和低时延需求下,传统的通信网络包括蜂窝网和无线局域网,在基站或接入点周围存在的区域内,车辆移动终端必须通过相邻的基站或接入点访问网络。传统的异构蜂窝网络情景中,车辆终端在异构网络层间垂直切换,或在相同层的相邻小区间水平切换。因此,在各种类型的异构网络之间,需要执行复杂的切换和路由算法,使用带有 D2D 通信的传统蜂窝网络来支持 VANET,可能会导致以下问题。

1. 频繁的切换问题

当部署传统蜂窝网络实现 VANET 时,车辆用户将访问附近或路边的固定 BS。车辆的快速移动将导致频繁的无线接入切换,并在此频繁切换后,导致包括低 QoS、数据丢失和延迟增加等其他许多严重问题。

2. 高延时性问题

导致延迟的因素有很多,包括上述提到的切换,以及在没有直接通信链路的情况下的 D2D 多跳中继通信。在多跳通信路径中,中继的接收、处理和传输数据需要时间。因此,多跳通信中继路径中的跳数越多,VANET 中的延迟就越大。

3. 连通性不高

由于车辆的运动,其相对位置不断变化,使得车辆之间的连通性难以保证。具体来说,在使用 D2D 通信时,链路拓扑结构的快速变化会导致上述切换、中断和传输效率低下等问题。

4. 负载不均衡问题

在道路上行驶的车辆会遇到道路交叉口、交通事故或者低速行驶的前方车辆。这种情况会导致交通堵塞,沿线车辆密度分布不均匀,车辆附近或路边的 BSs 面临重载甚至超载,从而降低 QoS。

在这些问题中,延时问题对于 VANET 来说尤为重要,切换问题和连接问题也会导致延时的增加。另外,在 D2D 多跳中继系统的通信路径中,中继接收、处理和发送数据的时间是不可忽略的,在通信路径中跳跃次数越多,导致越多可能的切换和时延就越长。因此,如果仅仅应用 5G 技术于 VANET,那么克服车辆移动性带来的延迟问题,将是一个重大的挑战。

3.3 基于 5G 移动接入点的无蜂窝通信体系与建模

将传统蜂窝网络技术直接应用于车联网,车辆的移动性会带来突出的时延和连通性问题。为解决这个问题,本章提出了在部分车辆上配置车载移动接入点的方案。

3.3.1 移动接入点车联网模型

融合无蜂窝通信网络中,采用协同分组方案是满足智慧城市中移动终端覆盖需求的一种合理途径。在无蜂窝通信架构中,一个用户不只与一个基站或接入点相连,而是通过多点发送与接收的方式,与多个相互协作的基站和接入点进行通信。无蜂窝通信架构中配置的 SDN 网络控制器,用于调度和分配无线资源,从而使得无蜂窝网络克服由切换导致的问题成为可能,增强了连通性,减小了时延。考虑到车联网中车辆节点的连通性要求及通信时延要求,如何实现移动中继或移动接入点之间的协作通信,如何选择其中一些进行协作通信,是基于协作通信的车联网中需要解决的重要问题。

Feteiha 等人提出了一个中继协作通信方案,该方案是在市区里选用大量汽车作为协作中继为行人提供服务,在协作通信中运用了基于信噪比(SNR)的中继选择方案并且分析了相关性能。本章基于移动接入点的车联网方案,如图 3-1 所示,没有任何单个移动 AP 覆盖区域的蜂窝网络,将以无蜂窝的方式与车辆用户协作通信。协作车载接入点作为移动接入点,讨论了 5G 车联网接入技术及其应用,并在下面小节分别提出车载移动接入点的部署,列出无蜂窝网络的移动接入点及接入方案的优点。

3.3.2 车载移动接入点的部署

在选定的车辆上部署车载移动接入点,其中一些车辆是事先部署接入点的车辆,另一些车辆是装有车载收发器的车辆,通过技术来提高其传输功率和接收灵敏度。例如,毫米波传输是 5G 网络中的关键技术,由于其波长非常短,将单个天线缩减到毫米大小,并在车辆上部署一个大规模的多输入多输出(MIMO)收发器来提高装有车载收发器车辆的传输功率和接收灵敏度。考虑到大规模 MIMO 天线部署在车辆上,当车辆作为正常车辆用户工作时,仅激活部分天线。如有必要,可以激活大规模 MIMO 系统的更多备用天线,使车辆处于移动接入点状态工作。

未选作 AP 的车辆,避免增加干扰,发送功率保持不变。考虑到远离移动接入点的位置信号强度不足,或相邻移动接入点在边缘区域干扰严重,相邻接入点可以通过联合发送和联合接收的模式,与车辆用户协作通信。为车辆用户提供接入服务,共同提供车辆的接入来提高通信连通性,同时避免接入的频繁切换,从而减少通信时延。因此,每个移动接入点并不存在固定的覆盖区域,移动接入点可以与之前或之后的相邻移动接入点协作,构成无蜂窝的 5G 移动通信网络。

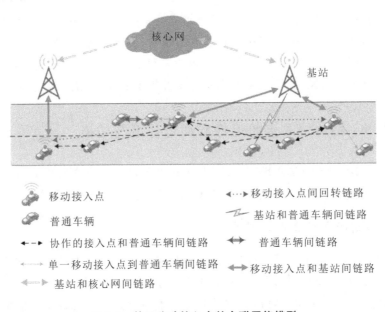

图 3-1　基于移动接入点的车联网络模型

3.3.3　移动接入点的优势

每个移动接入点不存在固定的覆盖区域,可以与之前或之后的相邻移动接入点协作,构成无蜂窝的 5G 移动通信网络,具有如下的优点。

1. 更少的切换和中断

与移动车辆和固定基站之间的通信相比,当选中的移动接入点和与它服务的汽车,以相同或相近的速度沿着道路一起行进时,能保持较长时间的可用通信链路。进一步,由于移动接入点之间的协作通信接入方式,大部分切换都是软切换,在硬切换不可避免或者移动接入覆盖暂时中断时,车辆间的 D2D 通信或直接接入路边固定 5G 基站也可以起到替代作用。

2. 低时延

与接入固定 5G 基站,或者 D2D 多跳通信需要额外中继转发时间相比,一定范围内的车辆之间通过附近的移动接入点进行通信,带来的时延要小得多。

3. 更好的连通性

基于移动接入点的无蜂窝接入,与固定基站接入和 D2D 多跳传输相比,可以提供更好的连通性。有两个原因:一是接入固定基站会带来频繁的切换;二是多跳 D2D 通信随着传输跳数的增加,中断概率会提高。

4. 更均衡的负载

由于车载移动接入点是从路上行驶的相同方向的车辆中选出，因而在车辆拥挤、负载重的路段，采用适当的移动接入点选取算法、接入点密度来匹配负载的数量，与接入固定基站相比，移动接入点的数据负载量更加均衡。

上述方案实现联合发送和联合接收，其中的重要因素是如何实现相邻移动接入点之间的回传链路。与传统蜂窝接入链路和 D2D 通信链路相比，除了传统的微波传输方式，可采用 5G 通信技术来实现相邻移动接入点之间的回传链路。5G 通信中的毫米波传输，大规模 MIMO 波束赋形，均可给接入点的无线回传链路分配更多的带宽。可见光通信技术也可以用于相邻移动接入点之间的无线回传链路，但是对于移动接入点与核心网之间的回传链路，最好采用传统的无线技术。

3.3.4 基于 5G 移动接入点的无蜂窝体系结构

5G 移动接入点的无蜂窝通信体系结构如图 3-2 所示。5G 移动无蜂窝通信体系结构由三层组成，即车辆用户层、移动接入点层和核心网络层。通信可以发生在层与层之间或层内。在车辆用户层中，车辆用户可以通过 D2D 全连路进行通信，特别是当它们无法访问附近的接入点或协作接入点时。此外，如果无法通过 D2D 链路与相邻车辆用户进行通信，或者 D2D 链路传输路径的中继跳数过多，则可以尝试接入附近或路边覆盖面积较大的 5G 基站。

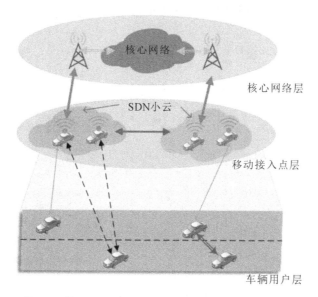

图 3-2 基于移动 APS 的 5G 无蜂窝 VANET 体系结构

通常，如果通信链路满足其通信需求，普通车辆用户可以访问最近的移动接入点。当访问单个移动接入点不能提供足够的数据速率或 QoS 时，车辆用户将与相邻的移动接入点通信，移动接入点可以通过联合发送和联合接收与车辆进行协作通信。这种协作通信可以通过移动接入点，提高信噪比（SINR）来减少共信道干扰，从而提高数据传输速率，扩大覆盖范围。如果信道状态变差，车辆用户无法访问协作移动接入点，则尝试使用 D2D 链接，建立到其通信对等点的多跳传输路径。最终，仍然可以选择访问附近的 5G 基站，以防止多跳 D2D

链路可能导致相当长的延迟。

在移动接入点层,需要在协作接入点之间建立回程连接。当移动接入点之间难以建立稳定的回程链路,且数据速率足够时,将使用5G固定基站与移动接入点之间的回程链路,传输控制信息和数据,进行协作通信。为了协调和调度移动接入点之间的回程链路,部署本地软件定义的小云(cloudlet)来管理某个本地区域的移动接入点。具体来说,候选的小云控制器与移动接入点一起部署,从而动态地选择有效的小云控制器。

5G核心网络层由骨干网和连接到骨干网的传统固定基站组成。为支持基于移动接入点的方案,5G网络的移动管理实体负责移动用户设备和移动接入点的移动管理。中间的移动接入点层的小云控制器将发挥关键作用,帮助核心网络的移动管理实体监控整个网络的移动。

对充当移动接入点的车辆,传输车辆自身信息的方法主要有两种:一种方法是如果车辆有额外的收发器,则使用额外的收发器来传输车辆自身的信息;另一种方法是仅使用虚拟软件,即在移动接入点中采用虚拟车辆用户终端,且始终以访问接入点本身的方式,进行信息传输。

◆ **3.3.5 传输建模的对等通信**

车辆用户通常将信息传递给离它们不远的其他车辆用户。例如,车辆安全信息通常在局部区域内的车辆用户之间传递。这意味着,通信对等点即使它们之间没有直接的联系,彼此之间也只有几跳的距离。在基于移动接入点的5G无蜂窝 VANET 中,对等通信中的传输,通常可以建模为以下几种场景,如图3-3 所示。

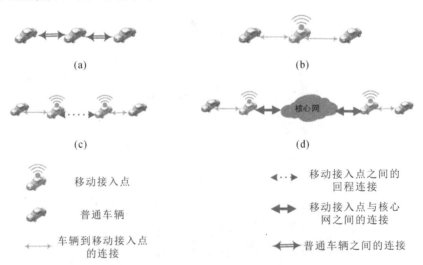

图 3-3 传输路径示例

图3-3(a)显示了基于 D2D 的通信路径,其中通信对等点之间是一跳或多跳。图3-3(b)显示了基于移动接入点的传输场景,其中通信对等点访问单个接入点或一组协作接入点,通信对等点需要两次跳跃才能到达彼此进行通信。当通信对等点彼此距离足够远时,它们必须访问单独的接入点,在这些接入点之间建立回程链路来传输信息。通信对等点之间通信需要三个跳跃点才能到达,如图3-3(c)所示。此外,当两个接入点或两组协作接入点之间无法建立回程链路时,接入点通过5G核心网络传输信息,这会导致传输路径上的跳数增加,如图3-3(d)所示。

3.4 移动接入点的选取策略

在车联网中,车辆通常给距离自己不远的车辆发送信息,例如局部区域内车辆安全信息的传输。这种情况下即使两个通信车辆之间没有直接链路,它们之间的链路也只包含很少的跳跃。在基于车载移动接入点的 5G 无蜂窝车联网中,端到端通信的传输模式可分为几种模式,包括近距离内的源端和目标端直接 D2D 通信模式,如图 3-3(a)所示。源端和目标端通过同一移动接入点中继的通信模式,如图 3-3(b)所示。源端和目标端通过不同移动接入点中继的通信模式,如图 3-3(c)所示。源端和目标端通过不同移动接入点接入并经由核心网络传输的通信模式,如图 3-3(d)所示。源端或者目标端接入路边固定接入点或基站进行通信等。

上述通信模式中,除源端和目标端直接通信模式以及接入路边固定接入点或基站外,通信双方均可经由移动接入点接入进行通信。从邻近移动接入点协作通信的角度看,无论源端或者目标端车辆,都可同时接入道路上其前面和后面的两个移动接入点,以提升连通性,并改善包括数据率和时延在内的其他性能指标。本节集中讨论在移动接入协作通信场景下,移动接入点的选择问题。

为了分析提出的 5G 无蜂窝 VANET 方案的性能,由所采用的移动接入点的选择方案,确定其空间分布特征。移动接入点选择方案可分为三种:预定义的选择方案、独立随机选择方案和协作选择方案。

3.4.1 预定义的选择方案

最简单的移动接入点选择方案是通过预先部署的模式,预定义的移动接入点选择方案。移动接入点被预先部署在一些主动选择的车辆上。与普通车辆用户相比,移动接入点通过在车辆上部署强大的车载单元,来实现更高的传输功率和接收灵敏度。为简化性能分析,将预先部署的移动接入点看作是独立的、随机分布在车辆中的。因此,可以合理地假设移动接入点遵循泊松点过程。预定义的移动接入点选择方法易于实现,并且在运行时没有选择开销。缺点是预定义的选择方案不能适应动态变化的交通状况和车辆用户的随机通信需求。

3.4.2 独立随机选择方案

与预定义的选择方案相比,协作选择方案和独立随机选择方案能更好地适应交通状况。这其中,独立随机选择方案比协作选择方案更为简单。在独立随机选择方案中,车辆之间不需要交换信息进行选择,而是根据一定的概率,每一辆能够作为移动接入点的车辆,独立地决定是否成为移动接入点。独立随机选择方案简单易行,不需要额外的通信和计算开销,候选车辆在性能分析中同样遵循泊松点过程。在这种情况下,独立随机选择方案导致了一个稀疏泊松点过程的移动接入点的分布,且由于泊松点过程的可跟踪性,使得分析 VANET 的性能变得更加容易。

3.4.3 协作选择方案

考虑实际路况场景,车辆分布的不确定性,用户通信需求的多样性,对比独立随机选择方案,协作选择方案更适合移动接入点。在协作选择方案中,车辆与其他车辆交换信息来决定移动接入点的选取。根据移动接入点的不同选择方式,协作选择可分为集中式选择和分散式选择。

在集中式选择方案中,全局或局部区域的集中控制器从所有车辆中收集必要的信息,然后决定选择哪些车辆作为移动接入点。实现集中式选择方案的可行方法之一是将车辆形成局部移动的软件定义云。如果在车辆上部署了软件定义的小云控制器,它将负责分配本地移动接入点,并充当移动接入点本身。

相反,在分散选择方案中,所有的候选对象交换信息,并平等地选择移动接入点。选举将以分散选举或广播比赛方式进行。显然,分散选择方案在选择移动接入点时需要进行大量的信息交换,这对 VANET 中严格的延迟要求带来了很大的挑战。采用 RSU 辅助选择是降低通信开销的可行途径之一。RSU 通过高速骨干网相互连接,能够有效地交换信息,从而获得车辆的位置和速度信息。

在协作选择策略中,有多种选择策略可供选择。对于简单的路况,考虑车辆的实际位置,然后在两个相邻的移动接入点之间的平衡距离或相等数量的中间车辆上均匀地选择移动接入点作为接入点。其中主要有基于序列的选择策略和基于距离的选择策略。考虑前述的独立随机选择策略和协作选择策略,本章主要研究以下三种选择策略。

1. 独立随机选择策略

独立随机选择策略是按照一定的选择概率,每个车辆都独立地决定自己是否成为移动接入点,没有任何额外的通信开销。与预定义的选择方案相比,独立随机选择方案和协作选择方案能较好地适应交通状况。这其中,独立随机选择方案比协作选择方案更为简单。

在独立随机选择方案中,车辆之间不需要交换信息进行选择,而是根据一定的概率,每一辆能够作为移动接入点的车辆都独立地决定是否成为移动接入点。独立随机选择方案简单易行,不需要额外的通信和计算开销,候选车辆在性能分析中同样遵循泊松点过程。在这种情况下,它导致了一个稀疏泊松点过程的移动接入点的分布,且由于泊松点过程的可跟踪性,使得分析 VANET 的性能变得更加容易。

2. 基于序列的选择策略

基于序列的选择策略是根据车辆在道路上的位置,按顺序给车辆指定连续的数字。依照给定的选择比例,从中选择车辆作为移动接入点。例如,设置选择比例是 1∶10 时,按顺序计数 10 辆车,则选择一辆作为移动接入点。

基于序列的选择策略,通过与相邻车辆交换信息来计算序号。其优势是简单,仅需要少量的通信开销。在车辆密度分布不均匀的区域,基于序列的选择策略能够精确地均衡移动接入点的负载,有助于精确平衡移动 AP 的负载,提高局部密集车辆的连通性。

3. 基于距离的选择策略

基于距离的选择策略是根据空间距离,在道路上均匀选取移动接入点,保证每个移动接入点的覆盖范围尽可能相同。对于基于双移动接入点协作接入的情形,每对移动接入点的覆盖范围也是基本相同的。该策略的目标是保证移动接入点的覆盖范围。与基于序列的选择策略相比,基于距离的选择策略需要更多的通信开销,因为除了要交换序列信息外,还需要交换位置信息。

上述的几种选择策略均简单有效,可以由道路上的车辆按分布式方式执行移动接入点选择，也可以由本地软件定义的 SDN 小云控制器实现集中式选择。而其他的选择算法，比如拍卖法或者博弈法，则需要更复杂的机制予以实现。

3.5 移动接入点的协作算法

3.5.1 移动接入点的覆盖范围

本节在已经建立的车联网移动接入点模型的基础上，分析讨论上述三种移动接入点的选择算法对移动接入点的覆盖范围和负载的影响。

研究的场景设为无限长的直线道路，假设道路上的车辆分布满足一维泊松点过程，其密度为 λ，每 K 个车辆节点选取一个车辆作为移动接入点。为计算简便，考虑车联网中车辆接入到其邻近的前后两个协作的移动接入点，则两个移动接入点之间的区域为该对接入点的接入覆盖范围，即一对相邻的移动接入点的接入覆盖范围可由它们之间的距离来表达。

1. 独立随机选取算法

假设每一个车辆节点独立随机地按照概率 $p=1/K$ 被选择作为移动接入点，可以认为被选中的移动接入点仍符合泊松点过程，其密度为 $\lambda_R=\lambda/K$。则任何一个移动接入点与其相邻的移动接入点间的距离 R_R，是具有如下概率密度函数的随机变量。

$$f_{R_R}(r_R) = \lambda_R \exp(-\lambda_R r_R) = \frac{\lambda}{K}\exp\left(-\frac{\lambda r_R}{K}\right) \tag{3.1}$$

其数学期望为 $E[r_R]=K/\lambda$，方差为 $D[r_R]=K^2/\lambda^2$。

2. 基于序列的选取算法

在基于序列的选取算法中，按照车辆节点在道路上的顺序进行编号，按照序号每 K 个节点选取一个节点作为移动接入点，则任何一个移动接入点与其相邻的移动接入点间的距离 R_N，是具有如下概率密度函数的随机变量。

$$f_{R_N}(r_N) = \frac{(\lambda r_N)^K}{r_N \Gamma(K)}\exp(-\lambda r_N) \tag{3.2}$$

其数学期望为 $E[r_N]=K/\lambda$，方差为 $D[r_N]=K/\lambda^2$。

3. 基于距离的选取算法

基于距离的选取算法，尽量保证选取的移动接入点之间保持相同或接近相同的距离。设定距离 $D=K/\lambda$，在道路上每隔距离 D 定义一个基准点，选择与该基准点最近的车辆作为移动接入点，该移动接入点相对于基准点位移 X_T 的分布，满足如下概率密度函数。

$$f_{X_T}(x_T) = \begin{cases} \lambda \exp(\lambda x_T)/2 & x_T < 0 \\ \lambda \exp(-\lambda x_T)/2 & x_T \geqslant 0 \end{cases} \tag{3.3}$$

其数学期望为 $E[r_D]=0$，方差为 $D[r_D]=2/\lambda^2$。考虑相邻两个移动接入点 X 和 Y，其与对应的基准点之间的距离的分布，分别满足式（3.3），则接入点 X 和 Y 之间的距离 $R_D=|D+Y_T-X_T|$。因为车辆分布满足齐次泊松点过程，按照 Slivnyak 定理，在泊松点过程中添加或者减少一个点不改变泊松点过程的统计特性。在接入点 X 对应的基准点添加一个节点，该节点与基准点的位移为 0，则相邻的移动接入点之间的距离为

$$R_D = |D+Y_T| = |K/\lambda+Y_T| \tag{3.4}$$

其概率密度函数为

$$f_{R_D}(r_D) = \begin{cases} \lambda\exp(\lambda(r_D - K/\lambda))/2 & r_D < K/\lambda \\ \lambda\exp(\lambda(K/\lambda - r_D))/2 & r_D \geqslant K/\lambda \end{cases} \quad (3.5)$$

其数学期望为 $E[r_D] = K/\lambda$，方差为 $D[r_D] = 2/\lambda^2$。

将以上三种移动接入点选择算法的数学期望、相邻移动接入点的距离的方差，进行列表对比，如表 3-1 所示。

表 3-1 三种移动接入点选择算法对比

选择策略	独立随机选取	基于序列的选取	基于距离的选取
覆盖范围的数学期望	$E[r_R] = K/\lambda$	$E[r_N] = K/\lambda$	$E[r_D] = K/\lambda$
相邻移动接入点距离的方差	$D[r_R] = K^2/\lambda^2$	$D[r_N] = K/\lambda^2$	$D[r_D] = 2/\lambda^2$

可见，分别采取三种移动接入点选择算法，相邻移动接入点之间距离的数学期望均为 K/λ。也即采用三种不同的移动接入点选择方案，得到的覆盖范围的数学期望是相同的。但三种移动接入点选择算法，产生的相邻移动接入点的距离的方差不同，独立随机选取算法、基于序列的选取算法和基于距离的选取算法得到的相邻移动接入点的距离的方差分别为 K^2/λ^2、K/λ^2 和 $2/\lambda^2$。当 $K > 2$ 时，独立随机选取算法得到的相邻移动接入点的距离的方差最大，而基于距离的选取算法得到的相邻移动接入点的距离的方差最小。也就是说，独立随机选取算法决定的移动接入点覆盖范围的变化最大，而基于距离的选取算法决定的移动接入点覆盖范围的变化最小。

比较场景 $\lambda = 0.02 \text{ m}^{-1}$，$K = 10$ 中三种不同方案的协作移动接入点的覆盖范围分布情况，图 3-4 中的曲线 $f_{R_R}(r_R)$，$f_{R_N}(r_N)$ 和 $f_{R_D}(r_D)$，是分别按照三种移动接入点选择算法得到的移动接入点覆盖范围的概率密度函数。从图中可以看出独立随机选择算法得到的移动接入点覆盖范围具有最大的变动范围，而基于距离的移动接入点选择算法得到的移动接入点覆盖范围具有最小的变动范围。基于此，可以预期，基于距离的移动接入点选择算法可以得到更好的空间覆盖效果。

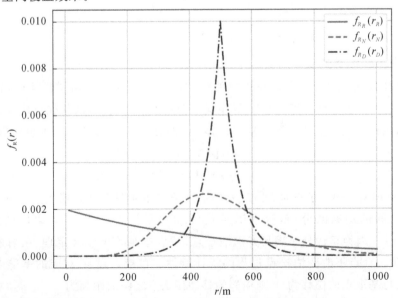

图 3-4 不同移动接入点选择方案下覆盖范围分布

3.5.2 移动接入点的负载及影响

本小节考虑三种移动接入点选择算法下的负载情况。在本章的基于移动接入点的协作通信车联网中,每一个移动接入点均与前方和后方相邻的移动接入点,构成两对协作的移动接入点对,分别服务分布于其覆盖范围内的两组车辆用户。为讨论方便,将每一组车辆用户分别归于这一组车辆用户前方的移动接入点。该组车辆,连同接入点自身的合计数目,就是其服务的用户负载数。

设两个相邻移动接入点之间的距离为 R。设定两个移动接入点之间的车辆,以及这些车辆前方相邻的移动接入点,均定义为前方接入点的负载,这些车辆的数目为 N。

1. 基于序列的选取算法

对于基于序列的移动接入点选取算法,有 $K-1$ 个车辆处于两个相邻的移动接入点之间,考虑接入点本身的通信需求也由接入点进行传输,将区间前方的接入点本身也视为其自身的负载之一,则有 $N=K$。可以用分布律表示为

$$P_N(N=n) = \begin{cases} 1 & n=K \\ 0 & n \neq K \end{cases} \tag{3.6}$$

计算得到负载的数学期望为 $E[r_N]=K$,方差为 $D[r_N]=0$。

2. 独立随机选取算法

对于独立随机选取算法,按照泊松点过程的特性,两个移动接入点之间的被服务车辆的位置是独立于移动接入点位置,按照概率 $p=(K-1)/K$ 被独立随机选取出来的,因而可视为密度为 $\lambda \cdot (K-1)/K$ 的泊松点过程。则移动接入点之间的车辆以及接入点本身构成负载。即在区间 $(0,R)$ 内的车辆连同前方接入点构成接入负载,其数目 N 是一随机变量,满足分布律

$$P_R(N=n) = \frac{\left(\frac{K-1}{K}\lambda R\right)^{n-1}}{(n-1)!} \cdot \exp\left(-\frac{K-1}{K}\lambda R\right) \tag{3.7}$$

其中,$n \geqslant 1$,按照上面推导的距离分布,对独立随机选取算法,$R=R_R$,满足

$$f_{R_R}(r_R) = \frac{\lambda}{K}\exp\left(-\frac{\lambda r_R}{K}\right) \tag{3.8}$$

有

$$P_R(N=n) = \int_0^\infty \frac{\left(\frac{K-1}{K}\lambda r_R\right)^{n-1}}{(n-1)!} \cdot \exp\left(-\frac{K-1}{K}\lambda r_R\right) \cdot \frac{\lambda}{K}\exp\left(-\frac{\lambda r_R}{K}\right) dr_R \tag{3.9}$$

即独立随机选取算法下,负载的分布律为

$$P_R(N=n) = \frac{(K-1)^{n-1}}{K^n} \tag{3.10}$$

可得到负载的数学期望为 $E[r_R]=K$,方差为 $D[r_R]=K^2-K$。

3. 基于距离选取算法

对于基于距离的选取,相邻基站间的距离 $R=R_D$,其概率分布函数为

$$f_{R_D}(r_D) = \begin{cases} \lambda\exp(\lambda(r_D-K/\lambda))/2 & r_D < K/\lambda \\ \lambda\exp(\lambda(K/\lambda-r_D))/2 & r_D \geqslant K/\lambda \end{cases} \tag{3.11}$$

当 $r_D<K/\lambda$ 时,考虑分布在 $(0,r_D)$ 范围内的车辆数目并连同被选取的接入点本身,作为相

邻的协作接入点的负载。设 $n \geqslant 1$，使用如下式计算负载数目的概率分布。

$$\int_0^{K/\lambda} \frac{(\lambda r_D)^{n-1}}{(n-1)!} \exp(-\lambda r_D) \cdot f_{R_D}(r_D) \mathrm{d}r_D \tag{3.12}$$

而当 $r_D \geqslant K/\lambda$ 时，按照基于距离的策略选取接入点，在区间 $(0, K/\lambda)$ 内的车辆数目是相邻接入点的负载。而在区间 $[K/\lambda, r_D]$ 内，只存在接入点本身作为负载，无其他车辆负载。故在区间 $[K/\lambda, r_D]$ 内负载数目的概率分布，可由下式求得

$$\begin{aligned} P_D(N = n) \\ = \int_0^{K/\lambda} \frac{(\lambda r_D)^{n-1}}{(n-1)!} \exp(-\lambda r_D) \cdot f_{R_D}(r_D) \mathrm{d}r_D + \\ \frac{K^{n-1}}{(n-1)!} \exp(-K) \cdot \int_{K/\lambda}^{\infty} f_{R_D}(r_D) \mathrm{d}r_D \end{aligned} \tag{3.13}$$

其中，$n \geqslant 1$。即可得到基于距离的选取算法下，负载的分布律为

$$\begin{aligned} P_D(N = n) \\ = \int_0^{K/\lambda} \frac{(\lambda r_D)^{n-1}}{(n-1)!} \exp(-\lambda r_D) \cdot f_{R_D}(r_D) \mathrm{d}r_D + \\ \frac{K^{n-1}}{(n-1)!} \exp(-K) \cdot \int_{K/\lambda}^{\infty} f_{R_D}(r_D) \mathrm{d}r_D \\ = \frac{K^{n-1}}{2(n-1)!} \exp(-K) \left(\frac{K}{n} + 1\right) \end{aligned} \tag{3.14}$$

可得到负载的数学期望为 $E[r_D] = K$，方差为 $D[r_D] = 2K - 1/2$。

比较场景 $\lambda = 0.02\mathrm{m}^{-1}$，$K = 10$ 中，不同方案的协作移动接入点的负载分布律情况。在图 3-5 所示的柱状图中，P_R 表示按照随机移动接入点选择算法，得到的移动接入点负载的概率密度函数。P_D 表示按照基于距离的移动接入点选择算法，得到的移动接入点负载的概率密度函数。由于基于序列的移动接入点选择算法中，移动接入点的负载是固定值 K，其方差为 0，故图 3-5 中未包含基于序列的移动接入点选择算法的移动接入点负载的柱状图。按照图 3-5 所示结果可见，独立随机选择算法得到的移动接入点覆盖范围，具有最大的变动范围。而基于距离的移动接入点选择算法，得到的移动接入点覆盖范围具有最小的变动范围。同时基于序列的移动接入点选择算法的负载始终保持不变。显然，基于序列的移动接入点选择算法可以得到最好的负载均衡。

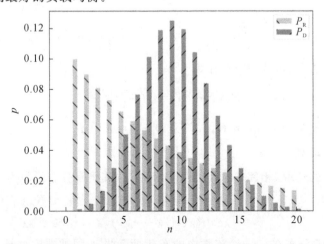

图 3-5　不同移动接入点选择方案下的负载分布

3.6 仿真及结果分析

3.6.1 仿真环境设置及关键参数选取

基于移动接入点的 5G 无蜂窝通信的连通性,可以从以下三个方面进行评估。其中包括车辆用户与移动接入点的连通概率,车辆用户通过 D2D 链路直接与其他车辆通信的连通概率,车辆接入附近 5G 固定基站的连通概率。本章关注车辆与移动接入点的连通概率,第 4 章将讨论车辆用户通过 D2D 链路直接与其他车辆通信的连通概率。

建立一个演示性仿真场景,用于分析不同移动接入点选择算法的连通性。其中车辆在 10 km 的道路上服从密度为 $0.02\ m^{-1}$ 的泊松点过程,车辆速度在 $[50,80]$ km/h 内服从均匀分布,在仿真过程中每辆汽车的速度维持不变。设通信信道服从瑞利衰落,路径损耗指数为 4,移动接入点的发射功率为 2 W,车辆接收到的加性噪声功率为 -100 dBm。在该仿真中,按照不同的选择算法选择移动接入点,相邻的移动接入点采用协作通信模式与车辆之间非协作的车辆通信。通过接收到的信号与干扰加噪声比(SINR),与 SINR 阈值进行比较,以计算总体的下行链路连通概率。以此评估不同的移动接入点选取算法对选择概率的影响。

3.6.2 基于移动接入点的连通性测试

采用独立随机选取策略时,连通性概率与移动接入点选择概率之间的关系,如图 3-6 所示。从图中可以看出,对于协作移动接入点和非协作移动接入点,连通概率随着移动接入点选择概率的增加而增加。也就是说,移动接入点的密度越高,车辆用户越容易接入网络。连接概率与移动接入点选择概率之间不是线性关系;相反,连接概率有上限阈值。即意味着由于连接概率的上限阈值,不需要太多的移动接入点,而能量消耗和成本会随着移动接入点密度的增加而增加。

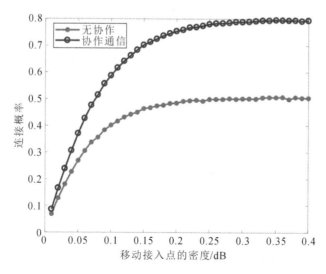

图 3-6 移动接入点选择概率上的连通性

3.6.3 基于移动接入点的负载分布

车辆与两个协作的移动接入点进行协作通信时,下行链路连通概率与车辆接收到的 SINR 阈值的关系,如图 3-7 所示。该仿真中,对独立随机选择、基于序列选择、基于距离选择三种不同的移动接入点选择方式进行了比较。仿真结果同样表明,基于序列选择和基于距离选择的策略要优于独立随机选择。基于距离的选择策略致力于扩大道路上的移动接入点空间覆盖面积。而基于序列的选择方式则是为了均衡负载,在车辆密集区域选择更多的车辆作为移动接入点。基于序列选择和基于距离选择的方式要优于独立随机选择,因为它们能更好地适应车辆的实际分布情况。

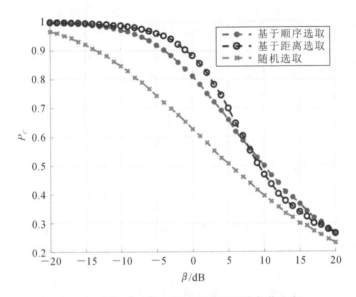

图 3-7 不同移动接入点选择方案下的负载分布

3.6.4 不同选择策略的连通性概率比较

图 3-8 显示了车辆用户通过直接访问移动接入点或协作通信方式下,下行链路连接概率与车辆用户接收到的信号与干扰加噪声比(SINR)阈值之间的关系。在该仿真中,比较了三种移动接入点选择策略,包括独立随机选择策略、基于序列的选择策略和基于距离的选择策略。在三种策略的所有场景中,仿真中选择的参数是相同的,车辆数量均为 200 辆。可以看出,协作通信方式下移动接入点接入模式的连通性概率显著高于非协作通信方式。结果还表明,基于距离的移动接入点选择策略和基于序列的移动接入点选择策略要优于独立随机选择策略。

3.6.5 延迟性能分析

延迟性能在 VANET 中是至关重要的,特别是对于车辆安全通信。基于移动 AP 的 5G 无蜂窝通信的延迟受许多因素的影响,包括节点间跳跃次数、中继转发时间、中断概率和时间,以及通信路径中的其他处理时间。本章关注两个终端车辆用户之间通信路径中的跳跃次数,这将显著影响通信延迟。

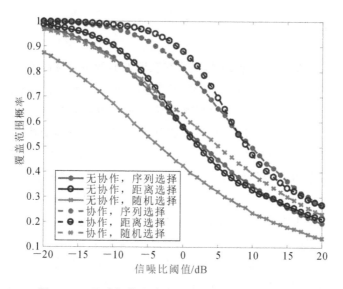

图 3-8　不同选择策略访问移动接入点的连通性概率

按照图 3-7 和图 3-8 中相同的配置,图 3-9 显示了在使用基于移动 AP 接入策略和仅使用多跳 D2D 链路的情况下,两个车辆对等点之间的平均跳数和它们之间的距离之间的关系。在基于移动 AP 接入方案中,比较了协作移动 AP 接入方式和非协作移动 AP 接入方式的平均跳数。可以看出,随着节点间距离的增加,基于移动 AP 接入方案的平均跳跃次数远远小于仅基于 D2D 链路的方案。通过协作移动 AP 接入,终端用户之间的平均跳跃次数总是小于非协作移动 AP 接入方式。此外,当两个车辆之间的距离小于 500 米时,观察到基于移动 AP 的方案在车辆之间的平均跳跃次数在 2 次到 3 次之间。这个结论适用于基于各种传输的模型,特别是在图 3-9 中讨论的传输场景。

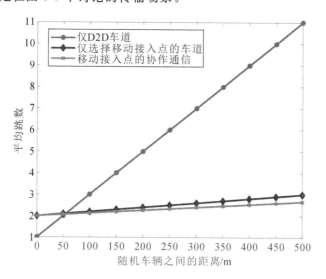

图 3-9　两个随机车辆用户之间传输路径的跳数

3.7 本章总结

接入网技术对于车联网十分重要,是决定车联网性能的关键性因素。在 5G 通信技术支持下,车联网中车对车(V2V)通信越来越多,用基于移动接入点的无蜂窝通信取代固定蜂窝通信是十分必要的。本章针对高速行驶车辆频繁切换和中断问题,提出基于移动接入点的 5G 无蜂窝 VANET 通信方案及其应用,将固定基站替换为车载移动接入点,以方便用户访问。为了增强 VANET 通信的连通性和可靠性,移动接入点采用联合发送和联合接收的方式与车辆用户进行协作通信,利用移动接入点之间的协作通信来提高 VANET 的连通性。并给出了三种简单可行的选择车辆作为协作移动接入点的策略原则,构建了 5G 无蜂窝移动接入网。在数据仿真结果中,提出并比较了各种移动接入点选择策略下的连接性能和延迟性能。采用移动接入点的 5G 无蜂窝 VANET 通信方案显著优于简单的移动中继或移动接入方案。仿真结果表明,该方法提高了网络的连通性,减少了传输跳跃次数。最后,为了增强车联网通信的连通性和可靠性,兼顾负载均衡,采取基于距离或者基于序列的方式选择移动接入点,并在移动接入点之间采用联合发送/接收的方式实现协作,与车辆进行通信,在连通性上优于传统的方案,能够优化车联网的性能。

第4章 基于 V2V 的车联网协作通信性能研究

4.1 引言

对于广泛部署的蜂窝网络,5G 通信的传输模式已经发生改变。第 3 章提出的从固定蜂窝通信到基于移动 AP 的无蜂窝通信,结合各大运营商规划及建设 5G 网络分布系统,参考站点业务量的需求、网络的覆盖性能、改造的难易程度、投资的成本大小等因素来构建。建设车联网分布系统参考站点需要 GSM(global system for mobile communications,全球移动通信系统)、DCS(data communication system,数据通信系统)、WCDMA(wideband code division multiple access,宽频码分多址)和 LTE 等系统的共建,而且各系统之间要有一定的间隔,从而避免系统间的干扰,使得多系统能够共存。

对于多个运营商共同建设的网络分布系统,规划各个系统间的干扰间隔器件,从而使得各个运营商的系统都能够正常运行。车联网的覆盖根据车辆终端连续、无缝的服务需求,应达到高覆盖、低迟延和大数据量等通信指标。在异构无线网络中,由于车联网用户节点的高速运动,车辆终端在不同网络之间变换频繁。需要在网络间进行切换来保持网络通信的连续性。若是类型相同的网络,则需对移动终端采取水平切换;若不同类型的网络,则采取垂直切换。若为多种类型重叠覆盖的网络,则可选择多个接入网络。

直接通信中 Wi-Fi Direct 能提供更快的传输速度和更远的传输距离,高通提出的 FlashLinQ 能极大地提高 Wi-Fi 的传输距离,但因为能源管理性能方面的不足而没有大范围的商用。3GPP 组织致力研究的 D2D(设备到设备)技术在点对点通信上已取得许多有意义的成果。作为 5G 通信中的一项关键技术,D2D 通信是基于无线传输的短距离和面对面直接传输的新型通信方法,允许物理上相邻的设备通过许可的蜂窝频段,绕过基站(BS),采用设备到设备的连接技术直接通信。当无线通信损坏或存在其他问题时,即使在 Wi-Fi 中也无法传播,终端直连却仍然可以使用 D2D 实现点对点通信,可以访问无线数据通信,将极大地提高系统的可靠性。在无蜂窝网络中引入 D2D 通信与现有的通信系统互补,可以减少传输时延,提高频谱效率和能量效率,实现更高的数据速率和更长的传输距离。因终端与基站之间的传输连接不是必需的,所以可以降低多个设备之间的通信压力,增强数据终端的容量,从而更新传输模式,提高资源利用率。因而,D2D 技术被广泛认为是 5G 通信中提升系统性能的关键技术。

本章采用无蜂窝通信网络 V2V(车辆到车辆)传输信道,考虑车联网中 V2V 用户的移动通信可靠性高及低延迟的需求,V2V 通信信道的传播特性在时间和频率选择性方面与蜂窝信道有显著差异。时间选择性描述信道质量的时间波动,频率选择性强调信道中的频谱缺陷,采用专门的 V2V 信道模型来评估车辆间数据包传输的可靠性和延时性。在移动无蜂窝通信网络的基础上,首先根据随机几何建立车流量业务的时间分布特征,根据排队论建立车流量业务的空间分布特征。其次,根据车联网流量业务的时空分布模型,采用机器学习预测车辆分布特征,建立 V2V 协作通信的车联网通信模式,实现协作的网络资源分配和频谱资源共享。

4.2 基于车联网流量业务的时空分布模型

在实际车联网场景中,由于通用移动通信系统(universal mobile telecommunications system,UMTS)代表低带宽、广覆盖的无线接入方式,无线局域网(WLAN)代表高带宽、窄覆盖的无线接入方式,由此构成具有代表性的异构无线网络。目前在车联网中广泛应用的 IEEE 802.11p 协议,其支持的短距离通信 DSRC 技术用于车辆间及车路间的通信。但 RSU/OBU 的通信范围一般为 100~200 m,相对于车间距离较短,在车辆高速行驶的情况下难以确保通信网络的连接性,容易导致交通消息的难以扩展。且车辆移动速度远小于无线通信速度,若车辆的通信范围内无其他中继车辆,则该车辆须存储当前的数据信息,直到找到可转发数据信息的中继车辆为止。此种情况易导致 SAC(store and catch up)时延。对于实时性要求严格的突发事件消息的传播,需要改进交通消息传输网络以提高信息传输的可靠性和实时性。

4.2.1 随机交通模型

因车辆交通系统受诸多因素的影响,具有时变性、不确定性和随机性等特点,是一个复杂的非线性系统。传统的无线网络建模中,基站的覆盖范围被定义为正六边形,基站位置也均匀分布于正六边形内,这种建模方式理论上可以做到平面内的无缝覆盖,实际建设中却不可避免地受到建筑物或地形的制约。基于随机几何对无线网络拓扑结构的建模分析是由 Martin Haenggi 教授和 Jeffrey. G. Andrews 教授于 2009 年最早提出的,并应用于基站节点随机分布的无线认知网络、自组织网络和无线传感器网络等。VANET 中一个非常重要的研究是采用随机几何理论这一数学工具,对车辆的分布情况进行多角度更真实的建模。

密集部署的异构网络传输系统中包含一个小区宏基站、微基站、蜂窝用户和 V2V 用户,涉及的 V2V 通信应用如图 4-1 所示。网络分布系统中宏基站主要用于保证整个区域的覆盖面积,微基站用于覆盖盲区的补给和信息的吸收,同时采用 WLAN 来固定数据热点。小区的覆盖方式采用垂直切换分区来防止同层里小区间多个系统之间的相互干扰;并设计无缝切换来确保用户终端良好的移动性,减少无线信号向外泄露,避免小区之间的干扰。

影响道路交叉路口交通车流量的因素,按输入特性分为:路段的交通构成和信号控制状况两种类型。道路交叉路口中车流量的动态变化,随机交通模型从基于大尺度宏观车流模型和小尺度微观车流模型的不同层次上,进行多尺度分析。车流量的准动态规划,采用 webster 模型,计算交通时延。即

$$d = d_u + d_r - 0.65 \left(C/q^2\right)^{1/3} x^{2+5\lambda} \tag{4.1}$$

其中,q 为交通量,x 为交通饱和度,C 为交通控制信号的变换周期。λ 为绿信比,即交通信号

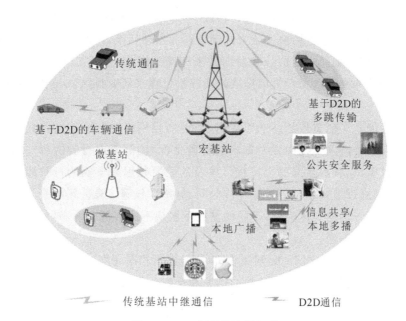

图 4-1 D2D 通信的应用场景

的一个周期内可用于车辆通信的时间比例。d_u 为交通流的均匀时延，d_r 为交通流的随机时延，则得到 d 为道路交叉路口处的平均时延。

交通流的均匀时延 d_u，主要是由车流量的周期性引起的。而交通流的随机时延 d_r，则是由车流量的随机性引起的。两者的表达式分别为：

$$d_u = \frac{C(1-\lambda)^2}{2(1-\lambda x)} \quad (4.2)$$

$$d_r = \frac{x^2}{2q(1-x)} \quad (4.3)$$

由式(4.1)、式(4.2)、式(4.3)可知，在交通控制信号的周期内，交通呈均匀特性和随机特性。根据 Webster 周期计算公式，最佳交通控制信号的周期为

$$C_0 = \frac{1.5L+5}{1-\sum_{i=1}^{n} Y_i} \quad (4.4)$$

其中，L 为损失时间，L 取固定值。$Y_i = q_i/S_q$ 为第 i 相位的交通饱和度，即交通流量 q_i 与饱和流量 S_q 的比值，n 为相位数。最佳交通控制信号的周期 C_0 取值，则取决于交通流量之和。仿真及实验中，选取某个交通控制信号周期内的交通流量之和作为观测量，其表达式为

$$q(t) = \sum_{i=1}^{n} q_i = U(t) + R(t) \quad (4.5)$$

其中，$U(t)$ 和 $R(t)$ 分别为交通流量的均匀分布序列和随机分布序列。

◆ 4.2.2 随机几何建立车流量空间分布特征模型

道路交通通信系统由车人通信、车车通信、车路通信等组成，具有开放性强、结构复杂、影响因素多及随机性等空间分布特点。车辆在道路的行驶中，单车道情况下车辆的运动分为自由运动和跟驰运动。车辆的自由运动中当车距小于某个临界值时，车辆不再符合司机的期望行驶速度，而是从自由运动状态转为跟驰运动状态，且各辆车须与前车保持安全的距

离才不至于发生碰撞。若路段为多车道,须考虑相邻车道上车辆的相互影响,车辆行驶包括车道切换、超车等状况。车道切换又分为被动切换和主动切换,同时也与驾驶员的主观因素有关。车辆通过路口,则受控制信号和对面驶来车辆的影响,包括时间延时,本车辆的左转与对面车辆直行的冲突等状况。常用排队论或随机过程来研究排队队长和延迟时间的概率或平均值。

车联网的性能与车辆节点的移动位置密切相关,且网络中车辆的位置具有动态性和随机性的特点。在整个路网系统中各个车辆的行驶情况,则需考虑行驶的每一辆车从进入路网,行驶中,通过路口,驶离路网的全过程。涉及的主要数据有车辆的行驶速度、行驶时间、路段流量、路口的通过量及控制信号的等待时间、等待队长等信息。影响交通流的因素非常复杂,在路网中,以车辆的到达为例,不同的情况下服从不同的概率分布,且同一种分布的参数在不同路径下也会不同。

V2V 通信系统中,发射机(TX)和接收机(RX)处于相同高度,且处于相似环境中完成对等通信,则水平传播更为重要,如街角处的衍射和反射。受通信车辆周围环境特性和典型交通特性的影响,且世界不同地区之间有很大差异,但仍可采用随机几何理论方法对车联网业务的空间分布特征构建模型。设车辆单位时间进入路网的到达概率为 p,利用概率的方法来描述车辆的随机性的统计规律,即

$$P(h \leqslant H) = \int_0^H f(t) \mathrm{d}t \tag{4.6}$$

$$\bar{h} = \int_0^{+\infty} t \cdot f(t) \mathrm{d}t \tag{4.7}$$

其中,h 代表先后到达的两辆车的车头时距,$\bar{h}$ 为平均车头时距,$f(t)$ 为车头时距的概率密度函数,$P(h \leqslant H)$ 为 $h \leqslant H$ 的概率。

再次,由概率密度函数 $f(x)$ 计算出路网入口处的平均车流量 q:

$$q = \frac{N}{T} = \frac{N}{\sum_{i=1}^{N} h_i} = \frac{1}{\frac{1}{N}\sum_{i=1}^{N} h_i} = \frac{1}{\bar{h}} = \int_0^{+\infty} t \cdot f(t) \mathrm{d}t \tag{4.8}$$

其中,T 为观测时间,N 为观测时间 T 内到达的车辆数。

V2V 通信的最大范围内能容纳的车辆数为 n,当车流密度不大,车辆到达概率 p 较小时,车辆间相互通信影响微弱。而当 n 较大时,车流比较拥挤,自由行驶机会不多,车流用二项分布拟合,该二项分布可近似认为符合泊松分布。即

$$P(K) = \frac{\lambda^K \mathrm{e}^{-\lambda}}{k!}, \lambda = npr \tag{4.9}$$

其中 $0 < r < 1$。仿真取均值 $\lambda = 0.8, \lambda = 2$。

中国城市标准干道车道宽度为 3.5 m,汽车的车长最小为 3 m,V2V 车辆的通信范围最大为 300 m。根据大城市大流量拥堵路段,全天候的交通流量分布规律,在文献[80]和文献[81]中,对上海高速公路上的车流进行分析,发现其对比泊松分布,而更符合正态分布,概率密度函数为

$$f(U) = \frac{1}{\sqrt{2\pi\sigma^2}} \exp\left(-\frac{(U-\mu)^2}{2\sigma^2}\right) \tag{4.10}$$

其中 μ 是车流平均值,σ^2 是车流的方差。仿真取 $\mu = 5, \sigma^2 = 25$ 时的仿真结构,与车流符合泊

松分布的结果是类似的。

4.2.3 排队论建立车流量时间分布特征模型

将各种信息技术应用于车联网中,对道路的路径信息、站点信息等进行汇聚,对路段行驶时间进行分析处理,建立交通流量的时间分布预测。通过路阻函数来描述车流量的出行时间分布特征,即路段行驶时间与路段交通负荷之间的函数关系,交叉路口延迟与交叉路口负荷之间的函数关系。对于道路阻抗的模型化和优化、道路交叉口的延迟与负荷,已经有国内外机构和学者们进行了大量的深入研究,提出了各种不同的车流量时间分布函数模型。研究方法是通过各种统计模型对网络流量进行建模,完成流量估计,再通过大量观测数据开展回归分析,得到阻抗函数。具有代表性的有美国联邦公路局的路段特征函数、日本和德国交通部门采用的线性函数,还有改进后的 Davidson 函数。

美国联邦公路局提出的路段特征函数为

$$t_a = t_0 \left[1 + \alpha \left(\frac{q_a}{c_a} \right)^\beta \right]$$

其中 q_a 是路段 a 上的交通流量,c_a 是路段 a 上的实际车辆通行能力,即单位时间内该路段可实际通行的车辆总数。t_a 是路段 a 上的阻抗,t_0 是零流阻抗,即整个路段是空静状态时,可自由行驶的车辆所需要的通过时间。α、β 是阻滞系数。仿真中设置 α、β 的取值是 $\alpha=0.15, \beta=4$。

日本和德国采用线性函数:

$$t_a = t_0 + \beta q_a$$

其中 β 为线性参数,其他参数的含义与美国联邦公路局的路段特征函数相同。

Davidson 应用排队论,根据泊松过程,提出的具有渐进特性的阻抗函数为

$$t_a = t_0 \left[1 + J \left(\frac{q_a}{c_a - q_a} \right) \right]$$

其中,J 为道路服务水平参数,反映了道路类型、交通管理、道路宽度、交通信号配时优化控制等因素的影响。道路服务水平参数的标定在不同国家、不同城市、不同道路的数据取值是不同的。对于美国高速干道 J 取值为 $0\sim0.2$,城市干道 J 取值为 $0.4\sim0.6$,集散道路即支路 J 取值为 $1.0\sim1.5$。以上取值,均以大量的调查数据为依据来设置道路服务水平参数。

采用排队论来对车辆的时间分布特征构建模型。根据实测路段车辆的行驶速度、交通负荷及道路形状、道路类型、道路宽度等道路几何条件数据,采用最小二乘法来确定非线性模型。再参考交通流量中的交通流量、车辆密度、车辆速度三者之间的关系,设立交通流量参数模型。根据通信链路建立过程服从泊松分布,通信链路生存时间服从指数分布的交通负荷与速度之间的关系模型,用 λ 表示单位时间内平均到达的车辆数,用 μ 表示各个 V2V 通信连接对的平均通信链路生存时间内的传输速率,即通信链路的信息传输能力。用 P 表示平均每单位时间中系统可以建立 V2V 通信连接对的比例。$\rho = \frac{\lambda}{\mu}$ 是通信强度,也即道路的服务能力。可通过如下计算,完成流量估计,然后在实际道路条件和交通条件下来进行回归分析,再次修正。

在单车道单连通的情况下:

$$T_S = \frac{1}{\mu - \lambda}, T_q = \frac{\rho}{\mu - \lambda} \tag{4.11}$$

其中:T_S 表示车辆作为移动接入点在通信系统中的平均逗留时间,包括通信链路建立时间

和通信链路生存时间。T_q 表示车辆通信链路建立的平均时间。

多车道多通信链路可看作是多个单车道单连通结合的情况,即在单车道建立 k 个通信链路的情况。

$$T_S = \frac{(k\rho)^k \rho}{k!(1-\rho)^2 \lambda} p_0 + \frac{1}{\mu}, T_q = \frac{(k\rho)^k \rho}{k!(1-\rho)^2 \lambda} p_0 \quad (4.12)$$

其中 $p_0 = \left[\sum_{n=0}^{k-1} \frac{1}{n!}\left(\frac{\lambda}{\mu}\right)^n + \frac{1}{k!(1-\rho)}\left(\frac{\lambda}{\mu}\right)^k\right]^{-1}$。

4.3 机器学习预测

人工智能(artificial intelligence,AI)的发展为 ITS 开辟了新的机遇,车辆传感器越来越智能,从而使车辆能够更好地评估道路环境,从主动安全、被动安全到优化交通,目前已经有了大量的应用研究。人工智能在 V2X 通信系统的一个重要应用实例是管控交通流量信息。其中涉及三个主要考虑因素:交通效率、道路安全和能源效率。人工智能广泛应用于计算机视觉、数据科学、机器人、医学和自然语言处理等领域,将预测算法和 V2X 结合,从交通视频监控、感应回路、基于人群源的信息服务和车辆等多种来源获取交通流量数据,实现实时交通流量预测和管理、基于位置的应用、自主交通、车辆数据存储和车辆自组织网络中的拥堵控制。对于如交通拥堵纠正、V2X 服务的 QoS(服务质量)控制、网络运行的收益分析等,利用人工智能技术使车辆应用程序可以智能化地执行任务,利用机器学习对车联网时空分布流量进行分析和预测,以保证 V2X 业务的服务质量,并降低车联网的运营成本。

◆ 4.3.1 流量矩阵估计

本节的机器学习预测及优化问题,定义为强化学习模型中的决策、观测状态和目标函数。作为众所周知的深度神经网络范式,卷积神经网络(CNN)基于图像的冗余时空特性,在图像处理和模式识别中无处不在。卷积神经网络集合了局部感知、共享权重和空间池化降采样来优化网络结构。从车联网的时空特征与捕获的输入测试数据集,通过卷积内核测试数据集的时空特性,获取各种特征映射要素,并提高对未知数据的泛化能力,避免过拟合现象。Nie 等人证明了卷积神经网络通过全连接的架构作为输出层,并提取时空分布特征的流量矩阵,基于机器学习的方法比传统的异常检测方法更为有效。

对于神经网络中的卷积层,每个神经元都与相对于输入映射的空间位置 (i,j) 相关联。同时,每个输出映射可以将卷积与多个输入映射相结合,即

$$a_{i,j}^{(l)} = f((a^{(l-1)} k^{(l)})_{i,j} + b^{(l)}) \quad (4.13)$$

$f(\cdot)$ 是常见的激活函数,修正线性单元函数。另外,经典反向传播算法可以高效地学习卷积神经网络。

端到端流量显示了源车辆节点对和目标车辆节点对之间的网络流量。这种交通信息可以用卷积神经网络的交通矩阵来表示,定义为 X,是网络管理和流量工程中的一个重要的输入参数。在流量矩阵中,元素 $x_{o,d,t}$ 表示车辆在时隙 $[t, t+\Delta t]$ 内从节点 o 处进入网络,在节点 d 处离开网络的平均流量值。有 $N^{1/2}$ 个车辆节点的网络,源节点和目标节点的流量值用元素为 $x_{n,t}$,$(n=1,2,\cdots,N)$ 的 $\mathbf{x}_n$ 表示。

在交通流量预测中,首先根据上述章节分析的交通流的时空特征来估计交通矩阵,用排

队论建立车流量的时间分布特征模型,用随机几何建立车流量的空间分布特征模型。卷积神经网络的交通流量矩阵估计体系结构如图 4-2 所示。考虑车辆时空特性估计的交通矩阵,同时考虑时隙大小即 Δt。交通流量矩阵构架包括 8 个隐藏层,即 4 个卷积层和 4 个子采样层,因子为 2。前 3 个卷积层分别学习 7×7、6×6 和 5×5 空间维度的 6 个卷积内核。最后一个卷积层由 12 个空间维度为 5×5 的卷积内核构建。全连通层将车辆流量矩阵的高层特征转化为具有 N 个元素的输出层进行估计。

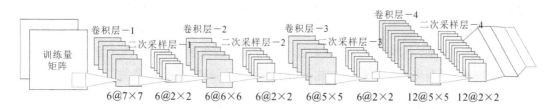

图 4-2 CNN 交通流量矩阵估计的体系结构

本小节中的输入交通矩阵是方阵,其中的元素用 $x_{n,t}$ 表示,其中 $n,t=1,2,\cdots,N$。训练数据集如图 4-3 所示。对于卷积层,$j-\mathrm{th}$ 元素 $m-\mathrm{th}$ 内核在 $l-\mathrm{th}$ 卷积层是 $k_j^{(l,m)}$,$j=1,2,\cdots,N^{(l)}$,$m=1,2,\cdots,M^{(l)}$。其中 $N^{(l)}$ 和 $M^{(l)}$ 分别是 $l-\mathrm{th}$ 层元素和内核的数量。单个神经元在 $l-\mathrm{th}$ 卷积层获取输入 $a_q^{(l-1,m)}$ 的矢量层,如图 4-4 所示。

$$q=1,2,\cdots,\left(\frac{1}{2^l}N-\sum_{i=1}^{l}\frac{1}{2^i}\sqrt{N^{(i)}}+1-\frac{1}{2^l}\right)^2 \tag{4.14}$$

输出映射为

$$a_q^{(l,m)}=\mathrm{sigmoid}\Big(\sum_{m'}^{M^{(l-1)}}a_q^{(l-1,m')}k^{(l,m)}+b^{(l,m)}\Big) \tag{4.15}$$

其中:$b^{(l,m)}$ 是第 $m-\mathrm{th}$ 内核在 $l-\mathrm{th}$ 卷积层的偏置。$\mathrm{sigmoid}(\cdot)$ 执行称为 sigmoid 函数的操作。向量 $\boldsymbol{k}^{(l,m)}=(\boldsymbol{k}_1^{(l,m)},\boldsymbol{k}_2^{(l,m)},\cdots,\boldsymbol{k}_N^{(l,m)})$ 表示内核。所有子采样层都执行与因子 2 有关的平均池操作。输出层是一个 $N=1$ 的矢量,匹配一个时隙上的流量矩阵估计量。

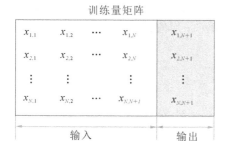

图 4-3 训练数据集

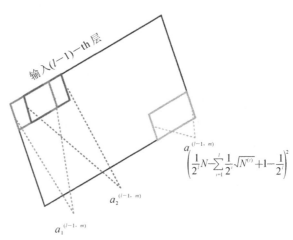

图 4-4 输入映射的 $l-\mathrm{th}$ 卷积层

4.3.2 矩阵训练算法

训练过程中,输入和输出训练数据集由图 4-3 所示的连续网络流量组成。为了实现流量估计,输入和输出分别为 $N\times N$ 矩阵和 $N\times 1$ 矩阵。车辆节点的端到端网络流量具有时间和空间的统计特征。按排队论建立车流量时间分布特征模型,利用深度神经网络进行深度强化学习,在复杂的车流量数据中高效地提取特征,基于数据融合的方式进行车辆追踪,并最终学习到车联网流量的最优策略,并对其进行分析和预测。

车辆节点的空间分布特征源于用户的位置分布,车流矩阵由所有可能的源节点到目的节点对构建,源节点到目的节点网络流量的顺序对时空特性的学习有影响。在此基础上,对交通矩阵中的源节点到目的节点的数据流进行相关排序。此外,网络流量值是非负的且数据量是极大的。否则,sigmoid 函数意味着单个神经元的灵敏度,仅取决于微小对称间隔内的独立自变量。因此,大多数神经元通常处于网络流量的休眠状态,本小节通过定心和归一化对流量矩阵进行预处理。定心归一化矩阵表示流量矩阵的每个元素为 $[-1,+1]$。基于预处理操作,给出 M 训练实例:$((X^{(1)},x_{N+1}^{(1)}),(X^{(2)},x_{N+1}^{(2)}),\cdots,(X^{(M)},x_{N+1}^{(M)}))$。

单值损耗函数 L_m 定义为半平方误差,即

$$L_m = \frac{1}{2} \| h_{k,b}(X^{(m)} - x_{N+1}^{(m)}) \|^2 \tag{4.16}$$

其中:$h_{k,b}(X^{(m)})$ 为卷积神经网络相对于对应的流量矩阵的输出。与 M 训练实例有关的总体损耗函数是:

$$L = \frac{1}{m}\sum_{m=1}^{M} L_m \tag{4.17}$$

其中,单值损耗函数集的平均值为 $\{L_m\}_{m=1}^{M}$。由内核和偏置组成的参数,通过梯度下降求解。计算导数,获得卷积内核和偏差解。

$$\begin{cases} \dfrac{\partial L}{\partial k_i^{(l,m)}} \\ \dfrac{\partial L}{\partial b^{(l,m)}} \end{cases} \tag{4.18}$$

旨在最小化损耗函数 L。每个参数均根据学习速率 α 进行更新,如下所示:

$$\begin{cases} k_i^{(l,m)} = k_i^{(l,m)} - \alpha \dfrac{\partial L}{\partial k_i^{(l,m)}} \\ b^{(l,m)} = b^{(l,m)} - \alpha \dfrac{\partial L}{\partial b^{(l,m)}} \end{cases} \tag{4.19}$$

此外,还可以通过反向传播来计算衍生物。

对于异常流量超出正常交通流量行为的问题,采用分离网络流量的估计误差来检测异常。这种方法即基于阈值的异常交通流量识别方法,又称 3σ 均值偏差。异常流量检测细节如下所示。

算法 4.1 计算 $y=x^n$

要求:M 训练实例,测试数据集 X,异常车辆数据集 x_{N+1}

确保:异常

1:$m \leftarrow 1$

2:$n \leftarrow 1$

3:$t \leftarrow 1$

4:while $m \leqslant M$ do

5:while $n \leqslant N$ do

6: while $t \leqslant N+1$ do

7: $x_{n,t}^{(m)} \leftarrow x_{n,t}^{(m)} - \text{mean}(x_n^{(m)})$

8: $x_{n,t}^{(m)} \leftarrow \dfrac{x_{n,t}^{(m)}}{\max(x_n^{(m)})}$

9: $t \leftarrow t+1$

10: end while

11: $n \leftarrow n+1$

12: end while

13: $m \leftarrow m+1$

14: end while

15: 利用训练数据集,采用反向传播算法训练卷积神经网络;

16: 通过执行前馈传递估计网络流量 $\hat{x}_{N+1}$;

17: 使用 $\hat{x}_{N+1}$ 和 x_{N+1} 执行异常流量检测。

4.3.3 网络调节策略

给出 V2V 通信的深度强化学习结构图,如图 4-5 所示。在训练数据集中,对应于 V2V 链路的代理与环境交互,V2V 通信链接之外的一切都可作为环境,则车辆行为中的选择频谱、传输功率等,视为环境的一部分。V2V 中作为协作移动接入点的车辆数量越多,则相应的网络代价越高。网络调节策略是通过调整通信节点的数量,来改善代价较高的 V2V 通信的方式。其中常用的一种策略是保持车联网系统的车辆总数不变,相应地增加代价较小的 V2V 车辆用户的数量。本小节提出迭代算法来实现网络调节,通过每个迭代步骤,改变最大代价和最小代价 V2V 的车辆用户数量 N_i,定义迭代步骤中最大代价和最小代价 V2V 中车辆用户数量的变化量为 δ。

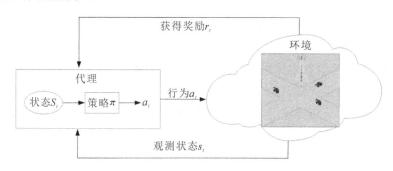

图 4-5 V2V 通信的深度强化学习结构图

每次迭代运算后,车辆用户数量变化会导致 V2V 的网络代价发生变化,需要重新计算 V2V 的网络代价 C_i,并对所有 V2V 车辆按照更新后的网络代价重新排序。下一次迭代运算步骤新生成的最大代价和最小代价 V2V,再次改变其车辆用户数量。迭代过程一直持续到新的网络总代价 Cost^{L2} 小于迭代之前的网络总代价。网络调节策略流程如下所述。

算法 4.2 网络调节策略流程

N_i;//初始化各 V2V 通信对的用户数量;

$\text{Cost}_{\text{old}}^{L2}=0$;//系统总代价的初始值设为 0;

$C_i(N_i)$；//计算各 V2V 的代价；

$\text{Cost}_{new}^{L2} = \sum_{i=1}^{M} C_i(N_i)$；//计算系统新的总代价；

while $\text{Cost}_{old}^{L2} - \text{Cost}_{new}^{L2} \geq 0$；//若新的总代价小于迭代前；

对 $C_i(N_i)$ 排序，找出 $C_{max}(N_{max})$、$C_{min}(N_{min})$；

$N_{max} = N_{max} - \delta$；//减少代价最大的 V2V 通信对车辆用户数量；

$N_{min} = N_{min} + \delta$；//增加代价最小的 V2V 通信对车辆用户数量；

$C_i(N_i)$；//再次计算各 V2V 的代价；

$\text{Cost}_{new}^{L2} = \sum_{i=1}^{M} C_i(N_i)$；//计算系统新的总代价；

end while；

利用此网络调节策略可以获得系统网络代价最小的车辆最优分布。在实际应用中，因车辆的位置、速度和车辆数量的变化会导致网络拓扑结构发生变化。在不同 V2V 网络中通过调整车辆的分布优化，来实现车联网的网络调节。在协作学习的过程中，训练数据集的动态差分变化不受迭代和迭代次数的影响。在实测路段中，将车辆的行驶速度、交通负荷及道路形状、道路类型、道路宽度等道路几何条件数据，与网络调节策略相结合，考虑车辆移动终端的分布，选择最优的网络接入。而对于车辆终端是否切换到异构网络，还需要考虑全局优化的网络调节策略。

4.4 V2V 协作通信算法描述

V2V 资源分配在机器学习研究中也得到快速发展。Zhang 等人从博弈论角度，基于最大联合顺序的分布式和协作的角度研究 V2V 资源共享的问题，制定可转移效用的联盟来解决资源分配的问题，优化系统总性能。Nguyen 等人提出竞价策略来控制发射端干扰以保证网络用户的服务质量，分布式分配发射资源以保证 V2V 车辆对数据速率的最大化，并更新规则来达到纳什均衡。Kang 等人利用位置信息和信噪比信息来有效分配资源，提高资源的利用率。Azam 等人设计良好的联合接纳控制、网络模式选择和功率分配技术来提高系统总吞吐量，实现更高的数据速率。为了优化 5G 车联网系统中的资源分配，本章基于效用函数，融合车流量的时间分布特征和空间分布特征，利用网络调节策略来计算车辆用户的最优分布。

4.4.1 算法框架

本章在宏基站、微基站和 RSU 组成的无蜂窝异构网络中，设车辆在宏基站控制下实现车间 V2V 通信。每辆汽车都配备有 OBU 和应用单元（application unit，AU）。车载单元之间的车对车通信、车对基础设施之间的无线接入是基于车内环境的。路边单元还可以连接到其他基础设施，如其他的路边单元和交通管理中心，通信方式是基于其他无线技术实现的。每辆车配备的车载单元、应用单元和传感器组收集信息，并使用车载单元与其他车辆或路边单元交换信息。本章的算法框架如图 4-6 所示。

(1) 根据车辆节点的数目，设置网络侧的自变量，且在保持车辆总数不变的约束条件下，设计优化目标函数。

(2) 根据给定的环境参数，计算车辆用户的最优分布，即系统总代价最小情况下的系统最优解。

(3) 结合车辆节点的实际分布,动态自适应地调整网络调节因子,对 V2V 通信模式的车辆选择进行引导,调整到负载均衡。

(4) 调整 V2V 车辆的接入选择,共享频谱资源,并接入代价最小的网络。

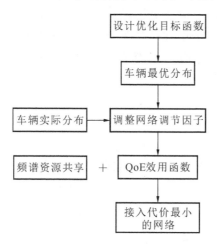

图 4-6 算法框架

4.4.2 基于效用的网络资源分配函数

效用函数(utility function)最初是微观经济学中,用来衡量消费者从消费既定的商品组合中所获得的满足程度。本章的算法涉及车联网系统吞吐量与平均时延的效用,实现车联网系统总效用最大化,是以每个车辆节点的能源消耗为代价的。因此,最大化功率分配并不能得到优化问题的最优解。从最优化的问题出发,推导出最优功率分配与各车辆能耗之间的权衡关系,分配最大功率阈值 $\overline{P}_m$,从而实现总效用的最大化。

由于最大功率阈值的约束,第 m 辆车在第 n 个时隙处的功率降低值为 $\overline{P}_m - p_m(t_n)$。第 m 辆车在第 n 个时隙处,功率降低的效率可以表示为

$$\delta_m(t_n) = \frac{\overline{P}_m - p_m(t_n)}{\overline{P}_m} \tag{4.20}$$

$\delta_m(t_n)$ 表示第 m 辆车在第 n 个时隙处功率降低的价格系数,则第 m 辆车在第 n 个时隙处,功率降低的效用可以表示为 $\delta_m(t_n) \cdot [\overline{P}_m - p_m(t_n)]$。本章通过降低功率的效用和能量消耗的成本,定义功率降低和能量消耗的平衡因子 ψ,将效用函数表示如下:

$$U_m(t_n) = \frac{\overline{P}_m - p_m(t_n)}{\overline{P}_m}(\overline{P}_m - p_m(t_n)) - \psi E_m(t_n) \tag{4.21}$$

车联网的网络资源分配目标是在整个时隙内最大化式(4.21)所示的效用函数。通过选择最优的发射功率和最小的能量消耗,将总效用最大化问题(P1)转换为子问题(P2),从而使式(4.21)中关于 $p_m(t_n)$ 的效用函数在第 n 个时隙内最大化。并且,子问题(P2)可以用数学式表示为:

$$(P2): \arg\max_{p_m(t_n)} \max_{m \in \mathfrak{M}} \int_{t_0+(n-1)\tau}^{t_0+n\tau} e^{-\varepsilon[t_n-t_0-(n-1)\tau]} \times \left[\frac{(\overline{P}_m - p_m(t_n))^2}{\overline{P}_m} - \psi E_m(t_n)\right] dt_n \tag{4.22}$$

$$\text{s.t.} \quad C_1, C_2, C_4$$

其中:$\varepsilon \in (0,1)$为常数折现因子,未来效用必须乘以该折现因子才能得到现值。因此,接下来的工作就是解决子问题(P2)在协作情况下的效用问题。

4.4.3 协作通信下的最优功率分配

考虑到通过协作通信来最优化车联网总体网络资源配置,所有的车辆通过充分协作形成大联盟,以实现共同利益。因此,在满足每个车辆能耗状态演化规律的约束前提下,提出动态优化因子,得到子问题P3,使所有车辆在整个时隙内的效用函数之和最大化。

$$(P3): \mathop{\arg\max}_{p_1(t_n),p_2(t_n),\cdots,p_M(t_n)} \sum_{m=1}^{M} \int_{t_0+(n-1)\tau}^{t_0+n\tau} e^{-\varepsilon[t_n-t_0-(n-1)\tau]} \times \left[\frac{(\overline{P}_m - p_m(t_n))^2}{\overline{P}_m} - \psi E_m(t_n)\right] dt_n \quad (4.23)$$

$$\text{s. t.} \quad C_1, C_2, C_4$$

为了便于数学处理,定义$p_m^C(t_n)$表示子问题(P3)的协作最优解。假设存在一个连续可微的辅助函数$\gamma_m^C(p_m,E_m)$满足式(4.23)的偏导微分方程,即式(4.24)。

$$\varepsilon \gamma_m^C(p_m,E_m) = \mathop{\arg\max}_{p_1(t_n),p_2(t_n),\cdots,p_M(t_n)} \times$$

$$\left\{\begin{array}{l} \sum_{m=1}^{M}\left[\dfrac{(\overline{P}_m - p_m(t_n))^2}{\overline{P}_m} - \psi E_m(t_n)\right] + \\ \dfrac{\partial \gamma_m^C(p_m,E_m)}{\partial E_m(t_n)}\left[\tau\left(p_m(t_n) + \dfrac{\sigma^2}{h_m(t_n)}\gamma_m(t_n)\right) + E_m(t_n)\right] \end{array}\right\} \quad (4.24)$$

定理1:当且仅当最优动态功率分配$p_m^C(t_n)$以及连续可微辅助函数$\gamma_m^C(p_m,E_m)$分别表示为:

$$p_m^C(t_n) = \overline{P}_m\left[1 - \frac{\tau \sum_{m=1}^{M}\psi}{2(1-\varepsilon)}\right] = \overline{P}_m\left[1 - \frac{\tau M\psi}{2(1-\varepsilon)}\right] \quad (4.25)$$

$$\frac{\partial \gamma_m^C(p_m,E_m)}{\partial E_m(t_n)} = \frac{\sum_{m=1}^{M}\psi}{1-\varepsilon} = \frac{M\psi}{1-\varepsilon} \quad (4.26)$$

第m辆车的最优动态功率分配$p_m^C(t_n)$构成子问题(P3)的协作最优解。

证明:子问题(P3)的目标函数是车联网系统中所有车辆最大化效用函数之和。

对式(4.26)的右侧部分关于$p_m(t_n)$求最大值,并经过数学化简,得到协作最优动态功率分配$p_m^C(t_n)$:

$$p_m^C(t_n) = \overline{P}_m\left[1 - \frac{\tau}{2}\frac{\partial \gamma_m^C(p_m,E_m)}{\partial E_m(t_n)}\right] \quad (4.27)$$

将式(4.27)中的$p_m^C(t_n)$代入式(4.24)中,经过偏微分方程代数运算,得到式(4.28)。

$$\sum_{m=1}^{M}\left\{\frac{\tau^2 \overline{P}_m}{4}\left[\frac{\partial \gamma_m^C(p_m,E_m)}{\partial E_m(t_n)}\right]^2\right\} - \tau^2 \overline{P}_m\left[\frac{\partial \gamma_m^C(p_m,E_m)}{\partial E_m(t_n)}\right]^2$$
$$+ [2\tau \overline{P}_m + E_m(t_n)]\frac{\partial \gamma_m^C(p_m,E_m)}{\partial E_m(t_n)} - \varepsilon \gamma_m^C(p_m,E_m) - \psi \sum_{m=1}^{M} E_m(t_n) = 0 \quad (4.28)$$

接下来,通过推导求解式(4.28)中$\gamma_m^C(p_m,E_m)$对于$E_m(t_n)$的倒数。在解偏微分方程时,经过化简,辅助函数$\gamma_m^C(p_m,E_m)$作为偏微分的约束条件,可以表示为式(4.26)。将偏微分方程约束条件式(4.26)代入式(4.27),得到最终结论。最优功率分配$p_m^C(t_n)$如式(4.25)

所示，构成子问题(P3)的协作最优解，从而证明结束。

设 $E_m^C(t_n)$ 为协作情况下第 m 个车辆在第 n 个时隙的最优能耗，根据定理 1，可表征第 m 辆车最优能耗状态的演化规律为：

$$\frac{dE_m^C(t_n)}{dt_n} = 2\tau \overline{P}_m \left(1 - \frac{\tau \sum_{m=1}^{M} \psi}{2(1-\varepsilon)}\right) + E_m^C(t_n) \tag{4.29}$$

式(4.29)为线性微分方程。通过求解式(4.29)，得到最优能耗 $E_m^C(t_n)$。

$$E_m^C(t_n) = C_1 e^{t_n} - 2\tau \overline{P}_m \left(1 - \frac{\tau \sum_{m=1}^{M} \psi}{2(1-\varepsilon)}\right)$$

$$= C_1 e^{t_n} - 2\tau 10^{0.1 P_0 (\text{dBm}) - \xi \lg \frac{d_m(t_n)}{d_0} - 3} \times \left(1 - \frac{\tau \sum_{m=1}^{M} \psi}{2(1-\varepsilon)}\right) \tag{4.30}$$

其中：$C_1 > 0$ 是常数。

因此，可以得到 m 辆车辆在时间 t 范围内的最优动态发射功率分配矩阵。

$$P^C(\text{mW}) = \left[10^{0.1 P_0 (\text{dBm}) - \xi \lg \frac{d_m(t_n)}{d_0}} \left(1 - \frac{\tau M \psi}{2(1-\varepsilon)}\right)\right]_{N \times M}, \forall n, \forall m \tag{4.31}$$

4.4.4 基于效用函数的 QoE

车辆一次只能访问一种网络，对异构网络资源利用率不高。联合上述小节的协作通信下的最优功率分配，考虑下述小节的上行链路频谱资源共享，引入软件定义网络 SDN 通过解耦系统来实现高效率，实现更好的负载均衡和更高的系统用户体验(QoE)。

使用体验质量(即效用)和整体服务率作为衡量负载均衡的性能指标，更适合 V2V 通信的评价且被 ITU 标准采用。因车辆的能源消耗与通信传输速度并不是呈线性正比的，会在高速率传输中达到饱和，将效用模型定义为

$$U(d) = A\log\left(B \frac{\min\{d, d_{\max}\}}{d_{\max}}\right) \tag{4.32}$$

其中：U 为效用；d 为应用层的传输速率；$d_{\max}$ 为服务器可以提供的最大速率。使用 d 和 $d_{\max}$ 的最小值存在饱和效应，即 V2V 用户即使有良好的信道条件，获得较高的速率，实际的 QoE 也不会因为最大速率的存在而增加。A 和 B 是保证效用 U 保持在 0~1 的归一化系数，通常根据不同的应用经验来确定取值。设 V2I 通信的系数因子为 x，V2V 通信的系数因子为 y，效用优化变量包含 V2I、V2V 模式的所有车辆。为使 V2V 传输速率的效用函数最大化，优化问题可写为如下的最优选择策略算法。

算法 4.3 最优选择策略

最大化：

$$\sum_x^X U_x(d_x^{(1)}) + \sum_y^Y U_y(d_{y,x}^{V2V})$$

服从：

$$\sum_x^X \frac{d_{x,i}^{V2V}}{r_{x,i}^{V2V}} \leqslant 1, \forall i$$

集合

$$\{d_{x,1}^{V2V},\cdots,d_{x,I}^{V2V}\}=1, \forall\, x$$

$$\sum_{y}^{Y}\frac{d_{y,x}^{V2V}}{d_{x}^{(2)}}\leqslant 1, \forall\, x$$

集合

$$\{d_{y,1}^{V2V},\cdots,d_{y,I}^{V2V}\}=1, \forall\, y$$

$$d_x = d_x^{5G} + \sum_{i}^{I} d_{x,i}^{V2V} = d_x^{(1)} + d_x^{(2)}$$

$$X+Y=N, Y\leqslant Th_{V2V}$$

$$x\in n, y\in n, d\geqslant 0$$

最优选择中,第一个不等式描述了 V2V 模式下车辆在有限带宽下的竞争关系。第二组约束指定了相同的竞争关系。传播速率 d_x 包含了两个部分:$d_x^{(1)}$ 作为上行传输的预留;$d_x^{(2)}$ 则为车辆共享给 V2V 模式下传输链路质量不高的邻居车辆。约束条件集合 $\{d_{x,1}^{V2V},\cdots,d_{x,I}^{V2V}\}=1, \forall\, x$ 表示只有一个元素是非零的,即强制每一个 V2I 车辆仅连接到一个路边单元。集合 $\{d_{y,1}^{V2V},\cdots,d_{y,I}^{V2V}\}=1, \forall\, y$ 强制每个 V2V 车辆仅使用其车辆列表中的一辆汽车。设 V2V 通信的主要约束是速率,V2I 车辆可以共享,即不等式 $X+Y=N, Y\leqslant Th_{V2V}$,对于某一辆 V2I 车辆,与自身相连的 V2V 车辆的最大速率均小于所能节约的 V2I 速率,且设置了 V2V 车辆数量的阈值 Th_{V2V},来保证实际系统中 V2V 不会占用全部的 V2X 资源。

控制平面的通信量从物理层转发到异构数据平面,通过软件定义网络的可视化,车辆、路边单元和无线基础设施都可以作为软件定义网络的交换机,并进行统一的接口管理,简化异构网络的集成。同时软件定义网络的控制器确定车辆与 Wi-Fi 接入点的关联与速率分配,V2V 通信的车辆互联,均要求在较短的时间内完成资源分配,以适应 V2X 场景的时变特性,避免碰撞以及有效利用资源。

4.4.5 上行链路的频谱资源共享

复用网络的 V2V 车辆连接对共享上行链路频谱资源,异构网络中的蜂窝用户与 V2V 用户,由基站分别分配相互正交的频谱资源,以减少同频干扰。在复杂的车流量数据中高效地提取特征,基于数据融合的方式进行车辆追踪,并最终学习到车联网流量的最优策略,对之进行分析和预测。V2V 车辆周期性地收集其邻居车辆的交通消息,每个车辆的通信范围记为 R,V2V 建立的通信链路记为 M,收集通信范围内的邻居车辆的方向、位置、速度等信息。对 V2V 用户进行资源分配而获取系统最低时延。高速率、高可靠的传输技术在车辆高速移动的环境下,反馈信道状态信息的传输时延会导致下一传输时刻的信道状态信息估计值不准确,从而引起系统性能的严重下降。

假设第 i 个 V2V 用户和第 k 个小蜂窝用户(small cell user,SCU)复用第 j 个微基站资源,$x_{i,j}, x_{k,j}$ 为其复用指示因子,得出 V2V、SCU 的信干噪比 SINR 分别是 r_{d_i}, r_{sc_k},则

$$r_{d_i} = \frac{p_i H_{i,i}}{\sum_{j\in N} x_{i,j} p_j H_{j,i} + \sum_{j\in N}\sum_{i'\in Z\setminus(i)} x_{i',j} p_{i'} H_{i',i} + \sum_{j\in N}\sum_{k\in Q} x_{k,j} p_k H_{k,i} + N_0}$$

$$= \frac{p_i (d_{i,i})^{-\alpha}}{\sum_{j\in N} x_{i,j} p_j (d_{j,i})^{-\alpha} + \sum_{j\in N}\sum_{i'\in Z\setminus(i)} x_{i',j} p_{i'} (d_{i',i})^{-\alpha} + \sum_{j\in N}\sum_{k\in Q} x_{k,j} p_k (d_{k,i})^{-\alpha} + N_0} \quad (4.33)$$

$$r_{sc_k} = \frac{p_k H_{k,\text{SBS}_{l_k}}}{\sum_{j \in \mathbb{N}} x_{k,j} p_j H_{j,\text{SBS}_{l_k}} + \sum_{j \in \mathbb{N}} \sum_{k' \in \mathbb{Q}\{k\}} x_{k',j} p_{k'} H_{k',\text{SBS}_{l_k}} + \sum_{j \in \mathbb{N}} \sum_{i \in \mathbb{Z}} x_{i,j} p_i H_{i,\text{SBS}_{l_k}} + N_0}$$

$$= \frac{p_i (d_{k,\text{SBS}_{l_k}})^{-\alpha}}{\sum_{j \in \mathbb{N}} x_{k,j} p_j (d_{j,\text{SBS}_{l_k}})^{-\alpha} + \sum_{j \in \mathbb{N}} \sum_{k' \in \mathbb{Q}\{k\}} x_{k',j} p_{k'} (d_{k',\text{SBS}_{l_k}})^{-\alpha} + \sum_{j \in \mathbb{N}} \sum_{i \in \mathbb{Z}} x_{i,j} p_i (d_{i,\text{SBS}_{l_k}})^{-\alpha} + N_0}$$

(4.34)

其中：p_i、p_j 和 p_k 分别是蜂窝用户、V2V 用户和小蜂窝用户的发射功率；N_0 则为均值为 0、方差为 σ^2 的高斯噪声。本章提出的基于可变距离的车辆 V2V 通信链路选择算法，通过选择车道和车间距离参数的动态变化，计算出 V2V 连接对的通信链路。因此，通过推导 V2V 连接选择的优先级指标，建立基于优先级指标的通信连接。通过提高流量消息传输的性能来提高直接通信连接的 V2V 的生存时间。

$$\lambda = \frac{(|N_S - N_R| + 1) \times D}{N_r R} \tag{4.35}$$

其中，D 表示源车辆与邻车之间的欧氏距离；R 为车辆的通信距离；N_r 为总车道数；N_S 为源车辆所在的车道；N_R 为邻居车辆所在的车道。若当两辆邻车的优先级指标相同时，优先选择与源车辆在同一车道的邻居车辆进行通信。而邻车的优先级系数越小，则车辆的优先级越高，源车辆选择其通信的可能性越大。

在此基础上，提出优化分配方案，主要思想是在干扰条件下，实现系统总吞吐量的最大化。为了满足所有用户的信干噪比要求，将包括蜂窝用户、V2V 用户和小蜂窝用户的所有用户的总吞吐量最大化作为优化目标。由香农公式 $R = B \text{lb}(1 + \text{SINR})$，得到

$$R_{d_i} = B \text{lb}(1 + r_{d_i}) \tag{4.36}$$

$$R_{sc_k} = B \text{lb}(1 + r_{sc_k}) \tag{4.37}$$

因此，目标函数可以表示为

$$R = \max_x \sum_{j \in \mathbb{N}} R_{c_j} + \sum_{i \in \mathbb{Z}} R_{d_i} + \sum_{k \in \mathbb{Q}} R_{sc_k} \tag{4.38}$$

约束条件为

$$\begin{cases} r_{d_i} \geqslant r_d^{th}, p_i \leqslant p_d^{\max}, \forall i \in \mathbb{Z} \\ r_{sc_k} \geqslant r_{sc}^{th}, p_k \leqslant p_{sc}^{\max}, \forall k \in \mathbb{Q} \\ \sum_{j \in \mathbb{N}} x_{h,j} \in \{0,1\}, h = 1, 2, \cdots, Z, Z+1, \cdots, M \end{cases} \tag{4.39}$$

其中：$p_c^{\max}$、$p_d^{\max}$ 和 $p_{sc}^{\max}$ 分别是蜂窝用户、V2V 用户和小蜂窝用户的最大发射功率，r_c^{th}、r_d^{th}、r_{sc}^{th} 分别是蜂窝用户、V2V 用户和小蜂窝用户的最小阈值信干噪比，最后一个约束条件则允许用户复用网络资源。

4.5 实验及分析

4.5.1 仿真环境设置

为了模拟车辆节点的快速移动，在 5G 网络中，设有 20 辆车随机分布在 500 米长的高速公路上，初始速度随机分布在 10～35 米/秒。仿真中使每辆车每 10 秒以 2 m/s² 的加速度改变一

次速度。测试假设两个相邻车辆节点之间的距离服从高斯分布,其期望值和方差分别为 10 和 5。此外,采用开放最短路径优先(open shortest path first, OSPF)方法生成无线网络拓扑。在 OSPF 方法中,权重用 $W_{i,j}$ 表示,其中 $i,j \in \{1,2,\cdots,12\}$ 由一般城市路径损耗模型定义,即

$$W_{i,j} = P_{\text{GUPL}}(d_{i,j}) = -10\lg\left(\left(\frac{\lambda}{4\pi d_0}\right)^\beta\right) + 10n\lg\left(\frac{d_{i,j}}{d_0}\right) + \alpha d_{i,j} + f_{\text{FAF}} \quad (4.40)$$

其中:$d_{i,j}$ 为车辆节点 i 和 j 之间的距离,$d_0(d_0 \gg \lambda/2\pi)$ 是接近的参考距离;β 是接收功率衰减与距离的速率,为 $10\beta\text{dB}/10$ 年;n 和 α 分别是路径损耗系数和衰减常数;f_{FAF} 是道路衰减系数。

为了方便比较,仿真中采用基于机器学习的主成分分析(principal component analysis, PCA)方法,使用奇异值分解和平方预测误差将链接数据集划分为普通子空间和异常子空间,网络数据包由 Wireshark 提取,网络流量由 Matlab 计数。

设 n 维向量中,W 是目标子空间的映射向量,最大化数据映射后的方差为

$$\max_{W} \frac{1}{m-1} \sum_{i=1}^{m} (\mathbf{W}^{\mathrm{T}}(\mathbf{X}_i - \overline{\mathbf{X}}))^2 \quad (4.41)$$

其中:m 是数据实例的个数;$\mathbf{X}_i$ 是数据实例 i 的向量表达,$\overline{\mathbf{X}}$ 是所有数据实例的平均向量。$\mathbf{W}$ 包含所有映射向量,经过线性代数变换为列向量的矩阵,得到优化目标函数,即

$$\min_{W} \text{tr}(\mathbf{W}^{\mathrm{T}}\mathbf{A}\mathbf{W}), \text{s.t.} \mathbf{W}^{\mathrm{T}}\mathbf{W} = \mathbf{I} \quad (4.42)$$

其中:$\mathbf{A}$ 是数据协方差矩阵,$\mathbf{A} = \frac{1}{m-1}\sum_{i=1}^{m}(\mathbf{X}_i - \overline{\mathbf{X}})(\mathbf{X}_i - \overline{\mathbf{X}})^{\mathrm{T}}$;tr 表示协方差矩阵的迹数,即特征值总和。数据协方差矩阵的前 k 个最大特征值对应的特征向量作为列向量构成优化目标函数的最优解 W。

考虑整个路网系统中各个车辆的行驶情况,涵盖行驶的每一辆车从进入路网,行驶中,通过路口,驶离路网的全过程。涉及的主要数据有车辆的行驶速度、行驶时间、路段流量、路口的通过量及控制信号的等待时间、等待队长等信息。影响交通流的因素非常复杂,在路网中,以车辆的到达作为例子,不同的情况服从不同的概率分布,且同一种分布的参数在不同路径下也会不同。对微基站用户和 V2V 用户进行资源优化分配,以期获取最大的系统吞吐量。设异构网络中的一个 5G 宏基站(5G MBS),其中含有 M 个微基站(SBS),记作 $\text{SBS}_m, m=\{1,2,\cdots,M\}$;$N$ 个车辆终端用户,记作 VUE,存于集合 $\mathbb{N} = \{j=1,2,\cdots,N\}$;$Z$ 个 D2D,存于集合 $\mathbb{Z} = \{i=1,2,\cdots,Z\}$;车辆在宏基站控制下实现 V2V 通信,主要仿真参数设置如表 4-1 所示。

表 4-1 主要仿真参数设置

参 数	参 考 值	参 数	参 考 值
小区半径	500 m	蜂窝用户数目	10
小蜂窝半径	50 m	V2V 用户对数	6
V2V 半径	10 m	小蜂窝用户数目	6
RB 带宽	180 kHz	噪声功率密度	-176 dBm/Hz
蜂窝用户发射功率	33 dBm	路损系数	4
V2V 用户发射功率	21 dBm	路损模型(基站-车辆端)	$128.3+37.5\log10(d)$
小蜂窝用户发射功率	10 dBm	路损模型(车辆端-车辆端)	$148+40\log10(d)$

如前所述，由于多普勒频率较高，V2V 频道参数随时间快速变化会影响频道特性，目前虽然在汽车密度、车辆速度和 TR-RX 间隔，建立参数和时变环境影响之间做了大量的研究工作，然而还未形成以统计上可靠的方式确定的一致结论。现做出以下类别的参数设置区分。

速度：高速公路设置每个方向 2～6 车道，双向之间有分隔线，附近没有房屋遮挡。在美国、欧洲和亚洲的大部分地区，高速公路上车速一般限制在 25～30 m/s。但德国和其他一些欧洲国家，车速可以超过 40 m/s。车辆密度通常在城市高速公路上最高可达 10000 辆/小时，在一般农村地区的高速公路上则低很多。郊区的街道、乡村的街道车辆密度较小，车速可达 15～30 米/秒。

路径损失：在车辆密度较小的郊区及乡村两车道模型的道路环境下，观察到路径损耗系数 $n=1.8\sim1.9$，在拥挤高速公路上则路径损耗更为严重，且变化较大。

◆ **4.5.2 V2V 的通信连通性**

选择 V2V 传包率、平均时延作为仿真性能参数，比较 V2V 通信与随机分配算法的吞吐量在不同链路选择方法下的性能。图 4-7(a) 中横轴为车辆的最大速度，纵坐标为数据包成功传输的占比，图 4-7(b) 中的纵坐标则为成功传输的时延。当最大速度从 10 m/s 增加到 25 m/s，以前不可达的车辆可能变成可达，连通性得以改善，从而使传包率增大。图 4-7(b) 中当最大速度增加时，本书所提算法下 V2V 辅助通信时延增加。

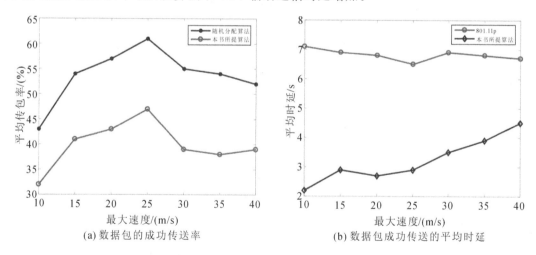

(a) 数据包的成功传送率　　(b) 数据包成功传送的平均时延

图 4-7　车速对数据包传送率和平均时延的影响曲线图

图 4-8 描述 V2V 对的距离 d 与系统总吞吐量之间的关系曲线。结果能够表明，本书所提协作 V2V 通信的系统总吞吐量要优于随机分配算法。随着 V2V 对的距离增大，系统吞吐量减少，且减小的程度减小。当 $d<30$ 时，系统吞吐量随着 V2V 对的距离增大而减少的程度较快；当 $d>30$ 时，系统吞吐量随着 d 增大的变化越发地缓慢，并趋于稳定。即在 d 较小时，V2V 发射机到接收机的链路中路径损耗较小，则系统总吞吐量受距离影响较大。当 d 较大时，其路径损耗较大，系统总的吞吐量受距离影响较小。图 4-9 描述系统总吞吐量随着 V2V 发射机到宏基站的距离的变化而变化的趋势图。随着 V2V 发射机到宏基站的距离的增加，系统总吞吐量变大，且 V2V 通信性能优于随机分配算法。

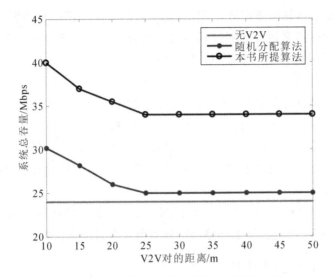

图 4-8　V2V 对的距离和系统总吞吐量的关系

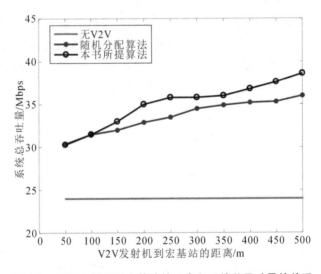

图 4-9　V2V 发射机到宏基站的距离和系统总吞吐量的关系

4.5.3　V2V 的通信干扰分析

由上述的算法推导可知,干扰节点的最小功率仅与车辆节点通信安全性指标 λ_C 有关。干扰节点的最大功率仅与节点通信质量指标 λ 有关。可令通信质量指标 $\lambda=3$ dB,研究每个车辆干扰节点的最小功率和节点通信安全性的指标 λ_C 之间的关系。令通信质量指标 $\lambda_C=5$ dB,研究每个干扰节点的最大功率和节点通信质量指标 λ 之间的关系。

干扰仿真参数设计如下:设源节点车辆 A、B 的发射功率分别为 $P_A=P_B=10$ W,窃听节点 C 的广播功率为 $P_C=10$ W。源节点 A 与窃听节点 C 之间建立通信的无线信道衰落参数为 $\alpha_{AC}=1$、$\alpha_{BC}=0.5$,以及存在任意干扰节点 D_i 与窃听节点 C 之间建立通信 D 的无线信道衰落参数 $\alpha_{iC}(1\leqslant i\leqslant N,N$ 取 3)。分三种情况讨论:一是假设 $\alpha_{iC}(1\leqslant i\leqslant 3)$ 均相等,且 $\alpha_{iC}=1$(理想状态);二是假设 α_{iC} 不相等,分为 $\alpha_{1C}=1$、$\alpha_{2C}=0.5$、$\alpha_{3C}=0.6$;三是 $\alpha_{1C}=0.4$、$\alpha_{2C}=0.5$、$\alpha_{3C}=0.6$。设衡量车辆节点通信质量好坏的指标 $\lambda_{AB}=\lambda_{BA}=\lambda$,评判车辆通信安全性高低的

指标 $\lambda_{CA}=\lambda_{CB}=\lambda_C$。设无线信道中的衰落为瑞利型衰落,加入的干扰节点的发射功率相等。分别以车辆通信质量指标 λ 和通信安全性指标 λ_C 为变量,按 α_{iC} 的三种取值分析每个干扰节点的功率变化。仿真结果如图 4-10 和图 4-11 所示。

由图 4-10 可知,当 $\alpha_{iC}(1{\leqslant}i{\leqslant}3)$ 为 1 且 $\lambda_C=1$ 时,干扰节点组中每个节点的最小发射功率约为 1.8 W,此时信道是理想状态的,即节点在通信过程中没有损耗,可对信息进行无失真的传输。同时,当节点通信安全性指标 λ_C 越大,即对安全性要求越低时,干扰节点的功率也越低。如 $\lambda_C=5$ 时,干扰节点最小功率 P 根据上述三种情况分别降到了 0.2 W、0.4 W、0.8 W。由图 4-11 可知,当 $\alpha_{iC}(1{\leqslant}i{\leqslant}3)$ 为 1 且 $\lambda_C=1$ 时,干扰节点组中每个节点的最大发射功率约为 2.4 W,此时信道是理想状态的。而当 $\alpha_{1C}=1,\alpha_{2C}=0.5,\alpha_{3C}=0.6$ 时对应的干扰节点的最大发射功率大约为 4.4 W;当 $\alpha_{1C}=0.4,\alpha_{2C}=0.5,\alpha_{3C}=0.6$ 时对应的干扰节点的最大发射功率大约为 9.1 W。实际应用中,用户关注干扰车辆组中最小总功率的问题,通信质量在 3 dB 以上,通信安全性指标在 1 dB 以下,干扰节点的最小功率为 1.8 W,干扰节点组的最小总功率为 5.4 W。

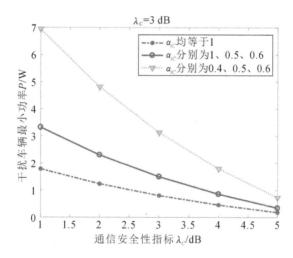

图 4-10 干扰节点最小功率 P 与 λ_C 的关系图

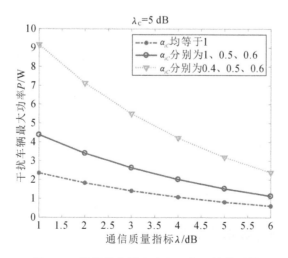

图 4-11 干扰节点最大功率 P 与 λ 的关系图

4.5.4 V2V 通信时延估计

为接近真实路况，使用不同的驱动速度来评估不同延迟条件下的吞吐量。如图 4-12 所示，设置 3 种不同的时延分别为 1 s、2 s、3 s。在相同的延迟时间内，随着车速增加，吞吐量减少。相同的速度下，时延越大，则吞吐量越小。这种趋势在不同的速度和反馈延迟下保持不变。因此，在 V2V 通信中，时延对系统吞吐量的影响要慎重考虑。

图 4-13 为满足系统吞吐量要求的情况下，车辆速度允许的时延。设置时间间隔为 0.1 ms。从图中可以看出，在相同的速度下，延迟时间越长，吞吐量越小。同时，在相同的延迟时间内，吞吐量随着车速的增加而降低。这符合车辆实际行驶情况。当车速为 10 m/s 时，时延从 2 ms 到 2.4 ms 不等，吞吐量要求不同。因此，当反馈延时增加时，吞吐量就会降低，车辆通信质量变差。选择合适的采样时间对车辆信息反馈具有指导意义。

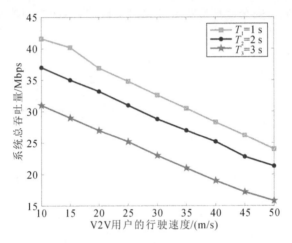

图 4-12 时延对吞吐量的影响

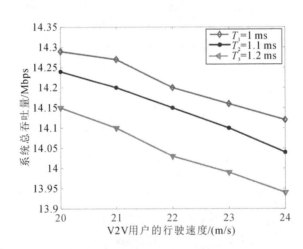

图 4-13 车辆速度允许的反馈延时

4.5.5 实际交通流数据预测及分析

基于机器学习的交通流量预测工作，是对实际的交通流数据进行现场测试与分析。车流量预测方案流程图如图 4-14 所示。

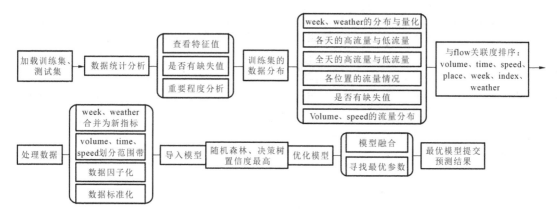

图 4-14 车流量预测方案流程

本书采用了上海市延安路高架桥 2019 年 9 月 1 日至 9 月 7 日的 12 个路段,收集和处理了全天候的数据,来预测这 12 个路段在 2019 年 9 月 8 日 24 小时的车流交通量。延安路高架桥的部分流量矩阵的数据采集如表 4-2 所示。

表 4-2 流量矩阵数据举例

ID	Origin-Destination	0:00	0:02	0:04	0:06
61111914003	南侧虹井路上匝道-虹许路下匝道	−0.19126	−0.33998	−0.19126	−0.381
61111914004	北侧虹许路上匝道-外环机场出口匝道	−0.19126	−0.29895	−0.20152	−0.34511
61132075001	南侧虹许路下匝道-虹许路上匝道	−0.08357	−0.27844	−0.0887	−0.32972
61132075002	北侧虹许路下匝道-虹许路上匝道	0.116433	−0.15023	0.111304	−0.33998
61162126001	南侧虹许路上匝道-娄山关路上匝道	−0.09382	−0.16562	−0.10408	−0.24254
61162126002	北侧娄山关路下匝道-虹许路下匝道	−0.43229	−0.24767	−0.32972	−0.30921
61182256001	北侧延西立交入口匝道 2-娄山关下路匝道	−0.10921	−0.24767	−0.11946	−0.30921
61182256002	南侧娄山关路上匝道-延西立交出口匝道	−0.05793	−0.27844	−0.06818	−0.4169
61182256003	南侧延西立交出口匝道-延西立交	−0.02203	−0.20664	−0.02716	−0.2887
61202344001	北侧凯旋路下匝道-延西立交出口匝道	−0.03741	−0.24254	−0.04254	−0.34511
61202344003	北侧延西立交出口匝道-延西立交入口匝道 2	−0.24254	−0.32972	−0.24767	−0.4169
61212399001	北侧江苏路上匝道-凯旋路下匝道	−0.29895	−0.06818	−0.30408	−0.43229

前 7 天的训练数据集(training data set)共 60480 组(train.csv),1 天的测试数据集(testing data set)有 8640 组(test.csv)。从数据库选取的真实交通流数据指标共 8 类,见表 4-3。所有模型的置信度得分如表 4-4 所示。

表 4-3 交通流数据指标

名 称	符 号	数据类型	取 值	单位/备注
车流量	flow	连续	[2,200]	/2min
星期	week	离散	monday-sunday	\

续表

名称	符号	数据类型	取值	单位/备注
天气	weather	离散	rain, cloudy	\
时间	time	连续	[0,24]	以24小时为基本量
速度	speed	连续	[0,90]	m/2min
交通量	volume	连续	[2,70]	\
交通指数	index	连续	[26,28]	/day
路段	place	离散	12	个

表 4-4 所有模型的置信度得分

模型	置信度
RandomForest_best	87.865000
Random Forest	86.027830
Decision_best	85.294726
Decision Tree	85.061000
Support Vector Machines	82.366000
bagging_decision	73.528000
KNN	73.132000
Naive Bayes	58.350000
Logistic Regression	35.813000

数据分析处理平台为 Anaconda3(python3.7),语言编译平台是 pycharm 编辑器。最后用优化参数后的随机森林模型,提交车流量的预测结果。从交通地图及交通流量数据指标进行分类,道路数据及其统计学习特征如图 4-15 所示。

根据前述算法对网络流量估计,将实际网络流量与相应的估计值进行比较。测试台随机选中的两个源端、目的端(origin destination, OD)数据流,流量矩阵(traffic matrix, TM)的行对应 OD 对,列对应不同时刻的车流量需求,即 x 轴和 y 轴分别代表交通流量和时间段。行对应空间分布,列对应时间分布。准确跟踪 OD 流,并在比较了真实网络流量的估计值后,再次定量验证。空间相对误差(space relative error, SRE)和时间相对误差(time relative error, TRE)作为指标参与仿真,其定义如下。

$$\begin{cases} \text{SRE}(n) = \dfrac{\|\hat{x}_{n,t} - x_{n,t}\|_2}{\|x_{n,t}\|_2} \\ \text{TRE}(t) = \dfrac{\|\hat{x}_{n,t} - x_{n,t}\|_2}{\|x_{n,t}\|_2} \end{cases} \quad (4.43)$$

其中 $\hat{x}_{n,t}$ 是 $x_{n,t}$ 的估计值,$\|\cdot\|_2$ 表示 l_2 规范。

测试选取上海市延安路高架桥某天凌晨 0 点至 3 点的 12 个车流路段的车流量,共 91 组数据,形成 12×91 的 OD 矩阵。采用了 PCA、前向反馈神经网络(forward feedback

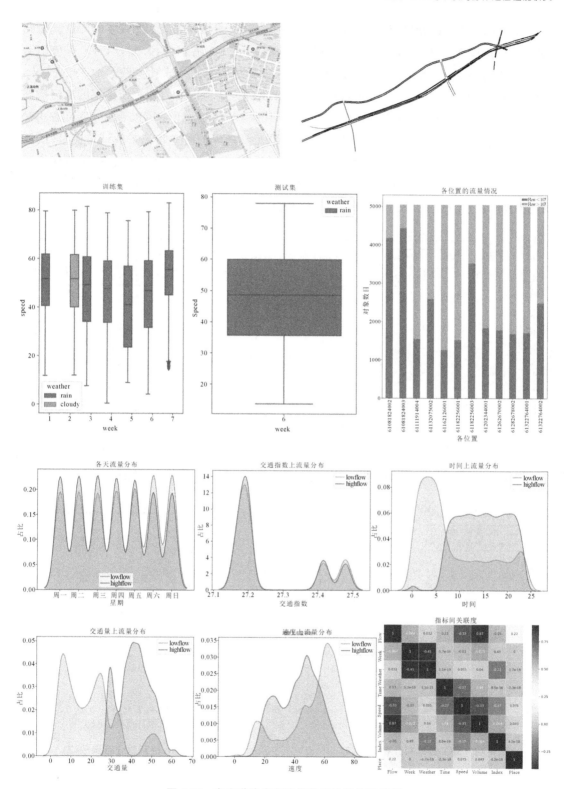

图 4-15 真实道路交通流量数据及其统计特征

neural network,FFNN)和 CNN 对车流量进行预测,形成 12×91 的 estimators 矩阵。利用公式求解,并画出 SRE 和 TRE 的累计分布函数(cumulative distribution function,CDF)曲线,如图 4-16～图 4-19 所示。

从图 4-16 中可以看出，对比 SRE，PCA 方法的 SRE 显著减小，且约 90% 的 OD 流量的 SRE 是小于 12 的。考虑两种方法的 TRE，图 4-17 中，PCA 有值(3,0.8)，FFNN 有值(13,0.8)，可以得到，PCA 的预测时间误差数据中，大于 3 的数据点所占比例约为 20%。FFNN 的预测时间误差数据中，大于 13 的数据点所占比例约为 20%。即在本书所选用的车流数据下，PCA 方法的 SRE 和 TRE 都低于 FFNN。从图 4-18 和图 4-19 中可以看出，CNN 方法对 PCA 方法进行了显著的改进，CNN 方法通过提取流量矩阵的时空特征来估计车流量，因此 SRE 和 TRE 都低于 PCA。即结合概率累积分布曲线，采用深度学习中的卷积神经网络法处理的数据，预测性能显著好于传统机器学习法处理的数据。此外，因 VANET 中的网络流量的不规则波动，PCA 方法的 TRE 较 CNN 要高。

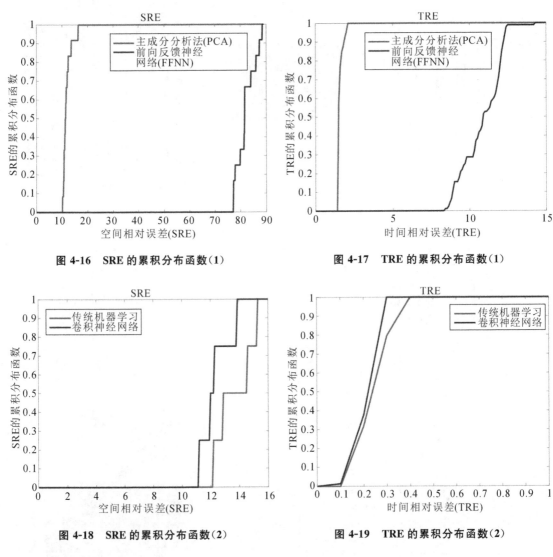

图 4-16　SRE 的累积分布函数(1)

图 4-17　TRE 的累积分布函数(1)

图 4-18　SRE 的累积分布函数(2)

图 4-19　TRE 的累积分布函数(2)

4.6　本章总结

本章提出车联网中 V2V 的协作通信机制，对于车联网的流量业务进行建模分析。针对各种场景下的车辆移动，提出了基于机器学习预测的无蜂窝结构车联网中流量时空分布模型。根据数据业务需求在空间和时间上的分布特征，基于随机几何理论方法对车联网业务的空间分布特征构建模型，采用排队论对业务的时间分布特征构建模型，采用机器学习方法对车联网流量进行分析和预测。为车联网中的协作资源调度和分布式路由选择提供依据。而第 3 章基于移动接入点的无蜂窝 5G 车联网方案，使用车载移动接入点替代固定基站以便于车辆接入。兼顾负载均衡，采取基于距离或者基于序列的方式选择移动接入点，来增强车联网通信的连通性和可靠性。本章解决了其接入方式会造成部分车载资源的丢失和资源浪费的问题。

对比随机分配资源算法，本章所提 V2V 协作通信算法融合了车联网终端侧的接入网络选择机制及网络侧的调节函数策略，能够依据用户的最优分布及实际分布，基于目标函数和约束条件的转换，动态自适应地来改变网络调节函数因子，从而引导车联网用户终端合理选择动态节点来接入网络。提出基于 QoE 效用函数的网络资源分配函数，实现协作通信下的最优功率分配和频谱资源共享。在不同场景下进行仿真，对 V2V 协作通信算法进行评价。仿真结果表明，在鲁棒性和吞吐量改进方面，统计模型优于随机性模型。本章所提 V2V 协作通信算法比随机分配资源算法能有效提升系统吞吐量，实现 V2V 用户的模式切换，使用户得到更好的体验空间。此外，本章还详细分析了车辆速度和反馈延迟等参数对吞吐量的影响。

第 5 章 城市密集交通场景下的 V2V 性能优化

5.1 引言

针对车联网中拓扑动态变化频繁、通信链路可靠性差及时延高的问题,面对快速时变信道、多普勒效应、用户信道特征差异化与业务服务质量要求相冲突的情况,利用快速时变信道的时域相关性,设计适用于城市密集交通的车联网自适应协作通信方案。其中有代表性的是动态自适应路由算法,基于拓扑的路由算法有最优链路状态路由协议(OLSR)、距离矢量路由协议(DSDV)。此类算法对于网络拓扑变换剧烈的车联网来说,节点间隔性交换路由表所带来的开销巨大,稳定性也得不到保证。基于地理位置信标路由算法有贪婪周边无状态路由协议(GPSR)和自适应链接感知路由(ACAR)。此类算法可以解决拓扑剧烈变化引起的可靠性问题,也能选择下一跳机制来减小传输延时。但此下一跳转发节点选取通常只在特定场景下有效,且不同场景下信标数据包发送时间难以选取,并不能满足高速和城市环境中的车联网应用。而基于预测的路由算法,有根据转发节点和目的节点之间的相对速度来确认数据包转发方案,也有高速公路预测车辆的未来位置,预先创建新路由来通信。

车联网中,连通性对于目前 5G 无线网络的规划、容量设计、拓扑控制及车辆的功率优化等具有重要意义。渗流理论是随机图论中以分析临界概率为基础,研究随机图论结构的学科。其中心思想是研究各种连通图形的渗流阈值,从而预测临界概率的数值,对保证车辆连通性的研究具有广泛的应用价值。有文献应用连续渗流理论分析了大规模网络中连通分支的连通度与网络所含节点数目的问题。Ambekar 等人以随机分布为背景,采用图论、统计学为主要研究方法,研究了节点数目、通信半径与网络连通性的关系,并建立了相应的数学模型,进行了大量的计算机仿真实验,得到了它们之间的数学解析式。还有文献将连通性和覆盖率一起研究,认为道路监测区域中随机部署的车辆分布是一个泊松点过程,从而部署与位置无关的车联网调度,实现满足网络连通性覆盖要求所需的车辆节点密度。Agrawal 等人主要研究对数正态阴影无线传播模型(logarithmic normal shadow wireless propagation model)来解决无线网络部分连通性的问题,引入连接函数来描述节点间无线链路的存在性,并将部分连通性问题抽象为特殊随机图的渗流问题,保证无线网络处于部分连通状态的临界节点密度的理论上界。Gramaglia 等人为了解决车联网网络连通性维护困难的问题,提出了一种具有良好连通性能的组网算法,为车联网的能效优化研究做出了贡献。

5.2 系统模型与优化构建

本节对车联网系统建模,因城市环境中有各种复杂的因素影响,本节从典型车联网体系模型、V2V 信道模型和基于概率的城市道路组网三个方面来做出阐述。

5.2.1 典型车联网体系模型

国内外汽车行业都在努力将无线传感器网络技术应用于车载系统,通用汽车和卡内基梅隆大学联合开发的车载无线传感器网络,用于开发发动机电子控制模块和传感器模块。图 5-1 为车载无线传感器网络系统的概念图。车载无线传感器网络系统由车载无线基站、多个车载无线传感器节点和一个无线传感器网络组成无线车载自动诊断系统。车载无线基站处理从无线车载诊断系统中获取的电子控制信息,并根据处理后的信息生成操作,命令电子控制信息模块操作车辆无线传感器节点。

无线车载自动诊断系统模块安装在车载无线连接器上,通过车载控制网络收集控制信息,生成的操作命令被传输到车载无线传感器节点上。其中,车载无线传感器节点随机安装到车载电子元器件上,车载无线基站接收来自各车载无线传感器节点的信息,并对接收到的传感器信息进行处理,最后控制信息和传感器信息被传输到智能手机或用户单元,并提供给车辆驾驶员。

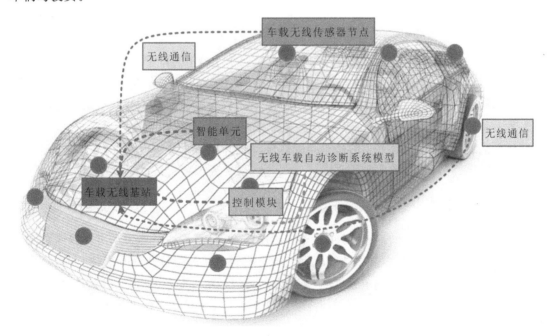

图 5-1 车载无线传感器网络系统概念图

在城市密集车联网中,大量车辆节点按照行驶方向随机分布在路面上,同向或反向行驶,并以自组织的方式构成网络。车辆把移动速度、道路状况、预测交通拥堵等信息,相互交换到邻近车辆,通过 V2V 或直接通信的方式发送信息到汇聚节点。汇聚节点将信息通过移动通信网络、互联网、卫星通信等方式传输到任务管理节点。最终将所有收集到的信息由用户 APP 端进行显示。完整的车联网通信系统中,车辆节点兼顾通信终端和网络路由的双重功能,且车载无线传感器网络中车辆终端承担数据存储、数据处理和数据传递功能,形成车辆间的协作通信。

本书提出一种典型的车联网体系结构如图 5-2 所示,包括三部分:车辆节点、汇聚节点和用户管理节点。在城市密集交通的车联网中,车辆节点通过车对车通信,形成车载自组织网络。车载无线传感器将监测到的数据,以移动接入点单跳或多跳方式传送到其他车辆,再通过 V2V 或直接通信的方式发送信息到汇聚节点。最终由远程智能终端对所收集的信息进行处理。其中车辆传感器节点是车联网终端侧的核心,具备三个功能:一是传感器节点包括数据采集模块和信息预处理模块,完成现场信息采集并进行适当的预处理;二是传感器节点具备信息转发功能;三是电子控制模块具备控制作用,能根据处理后的信息生成操作指令,命令电子控制信息模块操作车辆无线传感器节点。

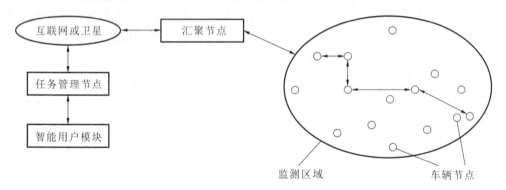

图 5-2 典型车联网体系结构

从一般层次上来说,连通性是指车联网中任意两个车辆节点能够建立无线连接,相互交换信息,并可以通过多跳的方式与除邻居节点以外的汇聚节点进行通信,这也是整个无线网络正常运行的前提。本章从概率论的角度出发,来研究与连通性有关的各个参数之间的关系。本节构造出城市密集交通场景下的典型车联网模型、V2V 的信道概率分析几何模型、基于概率的城市道路组网,下一节给出一种既能保证连通概率最大化又能减小网络能耗的组网算法。

5.2.2 V2V 的信道模型

考虑城市密集场景下的车辆时间分布和速度信息,将车辆通信分为车对车(V2V)通信和车对路面设施(V2I)通信,如图 5-3 所示。由于路侧单元的传输范围有限,并非所有车辆都能进行 V2I 通信,两个路侧单元之间,车辆之间可以通过 V2V 通信来交换信息,数据以多跳的方式从一个车辆传递到另一个车辆,服务器通过 V2I 通信从车辆中收集交通数据,并向车辆发送交通信息。

确定给定时刻 t,相邻的两个路侧单元(RSU)之间车辆的空间分布。若车辆以恒定的速度行驶且不离开道路,则创建时间和空间坐标系,车辆轨迹建模为平面内的直线,如图 5-4 所示,横轴和纵轴分别表示车辆距离路侧单元的时间 t 和距离 d。若车辆的速度是随机变量,车辆可到达传输范围内的任何车辆节点,每个车辆独立且服从概率分布,根据 IEEE 802.11p 提供的多通道,车辆节点可以与相邻节点通信,不存在隐藏节点或暴露节点的问题。

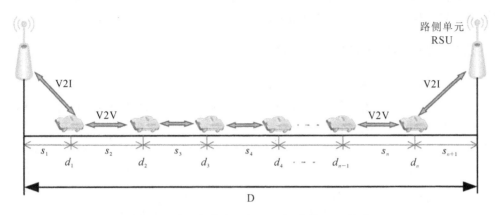

图 5-3 由 n 辆车和 2 个 RSU 组成的 V2V 信道

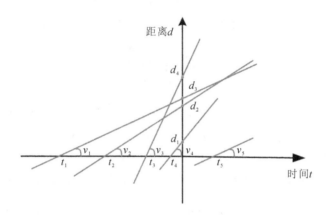

图 5-4 车辆网络的几何建模

车辆 i 的轨迹可以用速度、时间、距离来参数化 (V_i, t_i)，且表达式是 $d = V_i(t - t_i)$。其中 t_i 在轴 t 上表示车辆 i 通过第一个 RSU 的时间，V_i 是车辆 i 的速度。到达时刻 $\{t_i\}_{i \in \mathbb{N}}$ 形成泊松过程，速度 $\{V_i\}_{i \in \mathbb{N}}$ 相互独立且恒等分布在 i 范围内，由此可以得到任意时刻车辆的空间分布为泊松分布，这与第 4 章的结论是一致的。并且定义车辆密度为 λ_d，得到

$$\lambda_d = \lambda \int_0^\infty \frac{1}{v} \mathrm{d}F_V(v) = \lambda E[V^{-1}] \tag{5.1}$$

车辆到达率 λ，$F_V(\cdot)$ 为速度 V 的分布函数。车辆空间密度 λ_d 是两个路侧单元之间的时间密度 λ 乘以 $E[V^{-1}]$。因此，路侧单元之间在任意时刻 t 的平均车辆数量为 $E[N(t)] = \lambda_d D$，$N(t)$ 的概率质量函数为

$$P(N(t) = n) = \exp(-\lambda_d D) \cdot \frac{(\lambda_d D)^n}{n!}, n = 0, 1, \cdots \tag{5.2}$$

由于泊松过程的平稳独立增量，联合分布 $(d_1(t), \cdots, d_n(t))$ 当 $N(t) = n$ 可以用区间 $(0, D)$ 上的均匀分布来描述，如引理 1 所示。

引理 1：已知 $N(t) = n$，联合密度函数 $(d_1(t), d_2(t), \cdots, d_n(t))$ 在 $d = V_i(t - t_i)$ 中，则

$$f(x_1, x_2, \cdots, x_n) = \frac{n!}{D^n}, 0 < x_1 < x_2 < \cdots x_n < D \tag{5.3}$$

引理 1 的结果表明，在区间 $(0, D)$ 上的均匀分布的 n 个独立随机变量中，$d_k(t)$ 与第 k 个

最小值具有相同的分布。因此,给定时刻 t 的路侧单元之间车辆数量信息,如 $N(t)=n$,则可以推断出 n 辆车辆在道路上是均匀分布的。

5.2.3 基于概率的城市道路组网

文献[96]提供如下两种关于连通性的定义。

定义 1:对于 $\forall i \in M$,都可以利用 V2V 或 V2I 的方式与网络中的其他节点建立通信,则信息是可传递的,整个网络是连通的。

定义 2:设 D_{ij} 为车辆 i 与车辆 j 之间的距离差,其通信半径为 R,如果 $D_{ij} \leqslant R$,则可称车辆 i 与车辆 j 是一对邻居节点。若某个车辆的邻居车辆数目达到 k,则称其连通度达到 k。若对于 $\forall i \in M$ 的连通度都达到 k,可称整个网络是连通的。

对于定义 1,一般采用图论、统计学乃至渗流理论来研究网络的连通性。而本章主要是用概率论的方法从定义 2 出发,探讨车联网络的连通性。文献[101]已经说明车辆的随机分布是最常见的一种情况,城市道路中双向车道的车辆数量大且密度高,车辆数量在汇聚节点的通信区域内服从二项分布。根据汇聚节点基站的通信距离一般为 300~500 米的特点,路侧单元位置均匀分布,且相邻两个路侧单元之间的线段统计量相同,因此可以将线段转换为圆来消除边缘效果。

假设监测通信覆盖区域的面积为 S,每辆车的通信半径为 R,且 $S \gg \pi R^2$。由 N 个车辆终端节点的序号所组成的集合表示为 $M=\{1,2,3,\cdots\cdots,N\}$,车辆节点的数量 $N \gg 10$。设 D_{ij} 代表车辆 i 与车辆 j 之间的通信距离差。当 $D_{ij} \leqslant R$ 时,车辆 i 与 j 之间可以建立通信关系,故节点 i 与 j 之间存在一条通信路径。再令上述汇聚节点形成的无线网络中存在 L 条路径,则有:$0 \leqslant L \leqslant \dfrac{N(N-1)}{2}$。当且仅当第二个等号成立时,此时的网络被称为全连通网络。由此可得,车辆节点的通信面积占监测区域的面积之比,即车辆节点的通信概率 $P = \dfrac{\pi R^2}{S} \ll 0.1$。基于车联网的连通度 k 也服从二项分布,记为 $B(K,P)$。又因为车辆节点个数 $N \gg 10$ 且 $P \ll 0.1$,所以可得出结论:无线网络的连通度 k 在监测区域内服从泊松分布,且数学期望为:

$$E_\xi = \lambda = NP = N \frac{\pi R^2}{S} \tag{5.4}$$

车辆节点的连通度 k 符合泊松分布,网络连通度概率 $F_p(X=k) = \dfrac{e^{-\lambda} \lambda^k}{k!}$,其中 $\lambda = NP$,$P = \dfrac{\pi R^2}{S}$,代入上式有:

$$F_p(X=k) = \frac{e^{-NP}(NP)^k}{k!} = \frac{\left(N\dfrac{\pi R^2}{S}\right)^k}{k!} e^{-N\frac{\pi R^2}{S}} \tag{5.5}$$

其中,N 为车辆节点数量,R 是车辆通信半径,k 是连通度,F_p 为连通概率。从式(5.5)可以看出,车辆数目 N 和车辆通信半径 R 影响网络连通度为 k 时的概率 F_p 值。可采用增加车辆节点数目 N 或增大车辆节点的通信半径 R 的策略,来改善网络连通度为 k 时的连通概率。文献[104]已经说明,在一个车联网络中,只有车辆数目 N 满足一定范围时,才能增大网络连通度为 k 时的概率 F_p;如果 N 低于指定的范围,则车辆节点之间的信息不可达,会造成网络不连通的现象；如果 N 高于指定的范围，则网络中存在一定量的冗余通信车辆，导致资源浪费，同时增加网络的通信负担，也会影响网络寿命。所以本节研究的问题是车辆数目 N 和车辆节点通信半径 R 如何取值，网络连通度为 k 时的概率 F_p 最大的问题。

为了达到预期目的，设网络节点连通度的期望值是 K，并希望网络中各个车辆节点的邻居节点的数目都能达到 K 或尽量接近 K。也就是说，在区间 $[K-a, K+b]$ ($0 \leqslant a \leqslant K-1$, $b \geqslant 0$) 内，F_p 的值越大越好。那么 F_p 在区间 $[K-a, K+b]$ 内的累加值为：

$$F_p(K-a \leqslant x \leqslant K+b) = \sum_{x=K-a}^{K+b} \frac{(NP)^x}{x!} e^{-(NP)} = \sum_{x=K-a}^{K+b} \frac{\left(N\frac{\pi R^2}{S}\right)^x}{x!} e^{-N\frac{\pi R^2}{S}} \quad (5.6)$$

式中含有 N 和 R 两个变量，监测区域面积 S 为一定值，看作常数。

下节来研究密集交通场景的组网算法，研究网络连通概率 F_p 和车辆节点通信半径 R、车辆节点数目 N 之间的关系。

5.3 密集交通场景的组网算法

本节中车联网连通性的组网算法，是在城市密集交通场景下，基于 V2V 信道模型，对概率论和组网算法进行结合，将计算机网络中路由器的工作原理用于车联网节点。如更新路由表，旨在当车联网系统达到最大连通度且连通概率最大时，使整个网络的能耗尽可能地降至最低。并尽可能少地连接邻居节点的个数，提高整个网络的生存时间，从而维护车联网系统的简单性。

5.3.1 网络连通概率与车辆节点通信半径

从式 (5.6) 来考虑影响车联网络连通性的两个条件，即车辆数目 N 和车辆节点通信半径 R，接下来推导网络连通概率与车辆节点通信半径 R 的关系式。

对式 (5.6) 关于 R 求偏导，有：

$$\frac{\partial F_p}{\partial R} = \sum_{x=K-a}^{K+b} \frac{2N\pi R}{S} e^{-N\frac{\pi R^2}{S}} \left[\frac{(N\frac{\pi R^2}{S})^{x-1}}{(x-1)!} - \frac{(N\frac{\pi R^2}{S})^x}{x!} \right] \quad (5.7)$$

令 $\frac{\partial F_p}{\partial R} = 0$，得：

$$\frac{(N\frac{\pi R^2}{S})^{K-a-1}}{(K-a-1)!} - \frac{(N\frac{\pi R^2}{S})^{K+b}}{(K+b)!} = 0 \quad (5.8)$$

得到：

$$\left(N\frac{\pi R^2}{S}\right)^{a+b+1} = \frac{(K+b)!}{(K-a-1)!} \quad (5.9)$$

进而得到式 (5.10)，并化简得到 (5.11)。

$$N\frac{\pi R^2}{S} = \left(\frac{(K+b)!}{(K-a-1)!}\right)^{\frac{1}{a+b+1}} \quad (5.10)$$

$$R^2 = \frac{S}{N\pi} \left(\frac{(K+b)!}{(K-a-1)!}\right)^{\frac{1}{a+b+1}} \quad (5.11)$$

即

$$R = \sqrt{\frac{S}{N\pi}\left[\frac{(K+b)!}{(K-a-1)!}\right]^{\frac{1}{a+b+1}}} \tag{5.12}$$

从以上计算可以看出，当监测区域面积 S、车辆数目 N 一定时，节点通信半径 R 取式(5.12)的结果，可使网络节点连通度在区间 $[K-a, K+b]$ 概率最大。或者根据式(5.12)，可以求出网络节点连通度最大概率下的通信半径 R 的值。

◆ **5.3.2 网络连通概率与车辆节点数量**

从式(5.6)来考虑影响车联网络连通性的两个条件，即车辆数目 N 和车辆节点通信半径 R，接下来推导网络连通概率与车辆数目 N 的关系式。

对式(5.6)关于 N 求偏导，有：

$$\frac{\partial F_p}{\partial N} = \sum_{x=K-a}^{K+b} \frac{\pi R^2}{S} e^{-N\frac{\pi R^2}{S}} \left[\frac{\left(N\frac{\pi R^2}{S}\right)^{x-1}}{(x-1)!} - \frac{\left(N\frac{\pi R^2}{S}\right)^{x}}{x!}\right] \tag{5.13}$$

令 $\frac{\partial F_p}{\partial N} = 0$，可得：

$$\frac{\left(N\frac{\pi R^2}{S}\right)^{K-a-1}}{(K-a-1)!} - \frac{\left(N\frac{\pi R^2}{S}\right)^{K+b}}{(K+b)!} = 0 \tag{5.14}$$

得到：

$$\left(N\frac{\pi R^2}{S}\right)^{a+b+1} = \frac{(K+b)!}{(K-a-1)!} \tag{5.15}$$

进而得：

$$N = \frac{S}{\pi R^2}\left[\frac{(K+b)!}{(K-a-1)!}\right]^{\frac{1}{a+b+1}} \tag{5.16}$$

从以上计算可以看出，当监测区域面积 S、车辆通信半径 R 一定时，车辆数目 N 取式(5.16)的结果，可使网络节点连通度在区间 $[K-a, K+b]$ 概率最大。或者根据式(5.16)，可求出网络节点连通度最大概率下的车辆数目 N 的值。

以上讨论了影响车联网络连通性的两个条件，即车辆数目 N 和车辆节点通信半径 R，并给出了当网络节点连通度的概率最大时，N 和 R 必须满足的条件，即式(5.12)和式(5.16)。除了这两个条件是网络连通的必要条件外，网络的能耗问题也需要纳入考虑的范围之内。本节提出的组网算法，不仅可以保证网络良好的连通性，还可以有效地减少不合理的工作方式造成的能源浪费。即保证一定的连通度 k 的情况下，尽可能减少唤醒睡眠节点数目，来达到节能的目的。

◆ **5.3.3 网络连通概率与能效算法实现**

上一节讨论了影响车联网连通性的两个条件，即车辆数目 N 和节点通信半径 R，满足网络连通度 k 概率最大的条件。如式(5.12)和式(5.16)所示。除这两个条件是网络连接所必需的，还需要考虑网络的整体性能。车辆终端或多或少都会影响网络的整体性能。如果邻居节点太少会造成网络的可达性和连通性差，甚至会出现孤立节点。另一方面，如果邻居节点过多，则网络中存在一定数量的冗余通信车辆，导致资源浪费，同时增加网络的通信负担,也会影响网络寿命。也就是说,在保证网络连通度 k 的条件下,设置网络连通性的期望值为 K,尽可能减少被唤醒的睡眠节点的数量,每个车辆节点的邻居通信节点的数目越接近连通性的期望值 K 越好。即区间 $[k-m, k+n]$ $(0 \leqslant m \leqslant k-1, n \geqslant 0)$ 上 $F_p(k-m \leqslant j \leqslant k+n)$ 的值越大越好,以达到节约能耗的目的。

车辆节点连通度 k 服从二项分布,记为:$B(k, p)$,其中 p 是车辆节点的通信覆盖面积占监测总面积的概率,$P = \pi R^2 / S$。由式(5.12)可得,当已知车辆监测面积范围 S 和车辆数目 N 时,可以求出概率最大值下车辆节点的通信半径 R。利用式(5.6)来计算车辆传感器的最大连通概率值。

$$F_p(K-a \leqslant x \leqslant K+b) = \sum_{x=K-a}^{K+b} \frac{(NP)^x}{x!} e^{-(NP)} = \sum_{x=K-a}^{K+b} \frac{\left(N\frac{\pi R^2}{S}\right)^x}{x!} e^{-N\frac{\pi R^2}{S}} \quad (5.17)$$

此算法为分布式算法,若任意两个车辆节点 D_i 和 D_j 之间的距离为 D_{ij},$D_{ij} \leqslant R$,即小于等于车辆节点的通信半径 R,则 D_i 和 D_j 互为邻居节点。若某一车辆的邻居节点数量为 k,则节点的连通度为 k。采用基于节点链的数据聚合,其基本思想是,所有节点连接在一条链上,同一车道位置相近的节点在链上成为邻居。每个节点从一个邻居接收数据,与自己的数据融合后,再发送给另一个邻居。这个过程沿着数据链进行,直至到达本数据链的头节点,头节点将数据聚合结果发送给基站。每个数据回合只指定一个头节点,且每个节点可轮流成为头节点。算法具体描述如下。

算法 5.1 连通性和能效优化算法
初始化参数 k, N, R, S;
Repeat
更新邻居节点列表 M_i;
if $M_i \cap M_s \neq \varphi$;
 then //根据节点的能量和到节点 i 的距离,确定要唤醒哪个节点;
  $W_i \leftarrow -\infty$
  $j_{\text{SEL}} \leftarrow 0$ //选择要唤醒的车辆节点;
  while $j \in M_w$;
  do
   $D_{ij} \leftarrow |T_i - T_j| V$;
   $w_{ij} \leftarrow \omega_1 E_j + \omega_2 D_{ij}$;
   if $w_{ij} > W_i$;
   then
    $W_i \leftarrow w_{ij}$ //选择具有最大能量 W_i 的节点 j;
    $j_{\text{SEL}} \leftarrow j$;
   end if;
  end while;
  //唤醒选择的节点 j;
  $M_s \leftarrow M_s - \{j_{\text{SEL}}\}$;
  $M_w \leftarrow M_w + \{j_{\text{SEL}}\}$;
end if

$T_i \leftarrow T_i + \Delta T$；//转到下一时隙；

$N_i \leftarrow \text{card}(M_i)$

until $N_i \geqslant K$；

下面对连通性和能效组网算法进行详细的描述。

设监测区域内车辆节点数目为 N，其构成的集合为 $M=\{1,2,3,\cdots,N\}$，其中有 N_w 个节点处于工作状态，其构成的集合记为 M_w，那么就有 $(N-N_w)$ 个节点处于睡眠状态，其构成的集合为 M_s。以上集合满足 $M_w \subset M, M_s \subset M$ 且 $M_w + M_s = M$。对于 $\forall i \in M_w$，其邻居节点所组成的集合记为 M_i，且 M_i 中的元素个数 $N_i \leqslant K$。

步骤1：初始化参数。

根据上节的推导式，计算并确定连通度 k 和连通概率 F_p 作为输出，车辆数目 N、车辆通信半径 R 以及监测区域面积 S 作为输入。

步骤2：更新邻居信息列表。

在某一确定时刻 T_i，对于任意车辆节点 $i \in M_w$ 发出一个单跳广播，与它的所有邻居节点 M_i 建立通信，要求它们发送自身信息给节点 i，如车辆的 ID 标识、车辆状态信息（苏醒或睡眠）、时间戳 T_p 等。节点 i 接收到 M_i 中所有节点的相关信息后，立即更新节点信息列表，筛选出哪些节点符合节点通信的要求。做法和计算机网络中的路由器更新路由表的工作原理类似。

步骤3：达到网络连通度 K。

如果节点 i 的邻居节点数达到 K，说明可以实现网络连接，网络结束。

如果节点 i 处于工作状态的邻居节点个数小于 K，则必须唤醒一定量的邻居节点，以保证网络的连通度达到 K。

若 $M_i \cap M_s \neq \varphi$，说明可以选择符合要求且处于睡眠状态的邻居节点，以达到网络连通性要求，此时可进行步骤4；

若 $M_i \cap M_s = \varphi$，说明节点 i 的邻居节点都处于苏醒状态，为了达到网络连通性要求，则必须重新选择其他节点，此时进行步骤2。

步骤4：节点唤醒的条件。

由步骤2可知，节点 i 的邻居信息列表包括了其所有邻居节点的信息，当节点 i 未达到连通度 K 时，必须要选择唤醒睡眠节点以达到要求。但是唤醒何种类型的节点才能达到网络连通和节能的要求，文献[106]介绍了一种选择唤醒睡眠节点的方法，即根据节点剩余能量 E_j 和相对距离 D_{ij} 结合考虑的算法。本章考虑到节点剩余能量 E_j 和相对距离 D_{ij}，且考虑节点 i 与节点 j 之间的相对距离差，从式(5.17)的计算可知，选择具备较大能量 E_j 和相对距离差的加权值的节点 j 进行唤醒，则

$$W_j = \omega_1 \times E_j + \omega_2 \times D_{ij} \tag{5.18}$$

$$D_{ij} = \Delta T_{ij} \times V \tag{5.19}$$

$$\Delta T_{ij} = |T_i - T_p| \tag{5.20}$$

其中，ΔT_{ij} 为节点 i 与节点 j 之间信息传播的时间差，V 为信息传播的速度。选择值较大的睡眠节点进行唤醒，可以达到网络连通和节能的要求。

步骤5：再次更新邻居信息列表。

令 $T_i = T_i + \Delta T$，选择下一个时刻 T_i，再次进行步骤2。

重复以上 5 个步骤，直到无线网络的连通度达到 K 时，组网结束。

当车辆节点达到上述期望均值 K 时，用以上组网算法唤醒睡眠节点，以达到网络节点连通度 K，组网结束。

若车辆节点的邻居节点数目超过 K，仍可以考虑节点剩余能量 E_j 和相对距离 D_{ij}，用式 (5.17) 计算并选择较大能量 E_j 和相对距离差的加权值的节点 j 作为邻居节点，最大限度地降低网络能耗，从而显著提高网络寿命。

5.4 机器学习的优化构建

上一节讨论了影响车联网连通性的两个条件，即车辆节点数量 N 和节点通信半径 R，满足网络连通性 k 概率最大的条件，如式(5.12)和式(5.16)所示。除了这两个条件是网络连接所必需的，还需要考虑网络的整体性能。本节分别从精准资源调度、离散随机逼近、动态路由预测和联合中继选择来描述车联网中为了资源平衡，找寻车辆节点之间的最佳通信方式，降低网络能耗，提高网络寿命的优化构建模式。

5.4.1 精准资源调度

车联网中车辆要适应不同的基站，因传输波、物理尺寸和成本等原因，使得资源分配的要求之间有很大的差异，城市交通密集地区的协作要求要多于交通稀疏地区。在传统的最大化信号与干扰加噪声比 $SINR_{max}$ 方案下，大基站会吸引更多的车辆与之关联。即使有针对性地部署小基站到交通密集区域，大多数车辆仍会选择从大基站接收较强的下行信号。这将导致强基站的重负荷，弱基站的资源限制。对车辆终端而言，即使与强基站相关联，也可能因存在终端用户过多而导致服务质量很差。因此，车联网的资源平衡是亟待解决的通信瓶颈问题。

如何按照用户业务需求、终端数据缓存状况、用户信道信息等数据，在保证 QoS 需求、无线资源利用率及用户公平性的前提条件下，按照一定的算法规则确定用户的优先级，并进行频域或时域资源的分配，解决车联网的资源平衡问题。目前流行的优化技术如梯度下降法、拉格朗日乘数法，仅适用于假定移动用户速度过缓、信道质量稳定的状态。真实车辆的移动状态，网络拓扑的快速变化，缺乏来自环境的反馈信号而导致梯度下降失去其方向，且网络场景发生变化后，传统的关联算法必须在整个网络中以较高的开销重新运行。为此，在第 4 章的车辆时间分布、空间分布的规律下，引入强化学习的方法，学习和利用时空分布的关联经验，从而获得动态车辆的关联解。

1. 调度算法的评判指标

调度算法的评判标准，主要从吞吐量、频谱效率、服务质量 QoS 和公平性来衡量。吞吐量是衡量传输数据量的指标，有系统吞吐量和单个用户吞吐量之分。系统吞吐量是指系统内所有用户吞吐量之和。单个用户的吞吐量是每个用户的传输速率与用户所占信道带宽之比值，即：

$$\varepsilon_i = \frac{\chi_i}{W \cdot T} \tag{5.21}$$

其中，χ_i 为用户 i 在时间 T 内的数据传输总量，ε_i 是用户 i 的吞吐量，W 为用户 i 所占的信道带宽,T 为数据传输时间。

频谱效率又称频谱利用率,用来衡量通信系统的有效性。即:

$$\eta_i = \frac{C}{W} = \log_2\left(1 + \frac{S}{N}\right)(\text{bit/s/Hz}) \tag{5.22}$$

其中,C 为信道容量(b/s),W 为用户 i 所占的信道带宽,S 是信号平均功率,N 是噪声平均功率。

公平性常用 Jain's Fairness Index 来衡量,即:

$$f(\varepsilon_1,\varepsilon_2,\cdots,\varepsilon_n) = \frac{\left(\sum_{i=1}^{n}\varepsilon_i\right)^2}{n\sum_{i=1}^{n}\varepsilon_i^2} \tag{5.23}$$

其中,ε_i 表示用户 i 的吞吐量,即为前文的 ε,n 为用户节点数目,公平性指数 $f(\varepsilon_1,\varepsilon_2,\cdots,\varepsilon_n)$ 取值在 0~1 之间。当单个用户的吞吐量相等时,则 $f(\varepsilon_1,\varepsilon_2,\cdots,\varepsilon_n)=1$。因此当 $f(\varepsilon_1,\varepsilon_2,\cdots,\varepsilon_n)$ 取值越趋近于 1,系统公平性越好。反之则系统公平性越差。

用户 QoS 包括数据传输速率、时延、误码率等性能指标。针对车联网用户终端的不同应用服务种类,各种通信业务的 QoS 要求各异,调度算法需满足各种业务的 QoS 需求。安全性应用的速度控制、拥塞消息、碰撞预警等业务对传输时延和丢包控制要求高,是车联网中最具挑战性的应用业务;便利型应用的智能监控数据量大,对数据速率要求较高;娱乐型应用的在线游戏、视频对数据速率和时延要求较高。因此,车联网中调度算法的评判指标主要考虑吞吐量、频谱效率、时延、QoS 和通信公平性。

2. 网络上行调度算法

调度在通信业务中,是为有通信需求的用户终端,动态分配频域资源或时域资源,以保证系统中的用户正常通信的过程。5G 通信中车联网终端用户数量众多,海量的数据从车辆终端上行传输到基站。高效合理的调度算法,可以最大限度地满足用户业务的 QoS,提高单个用户的吞吐量,还能提高整个通信系统的无线资源利用率和系统总吞吐量。因此上行数据调度和资源分配非常重要。可以用以下 5 个步骤描述上行调度过程。

(1) 有上行业务需求的车辆终端,采用上行物理控制信道(physical uplink control channel,PUCCH)发送调度请求(scheduling request,SR)给基站。

(2) 基站接收到调度请求信息后,为满足车辆发送缓冲状态报告(buffer status report,BSR)的需求,分配少量的资源给请求调度的车辆。

(3) 车辆发送缓冲状态报告信息,其中包含车辆需要发送的数据量。

(4) 基站接收到调度请求和缓冲状态报告信息后,为用户在上行物理共享信道(physical uplink shared channel,PUSCH)上分配相应的资源,并通过下行物理控制信道(physical down control channel,PDCCH),发送上行调度授权(UL grant)信息给请求用户。

(5) 用户在基站分配的上行物理共享信道的时频资源上,发送上行调度数据。

调度过程中,资源分配是以传输块(TB)为单位的,每个传输块占用频率资源 $180 \times N_{\text{PRB}}$ KHz,时间资源 1 ms。其中 N_{PRB} 是连续分配的物理资源块的数量。上行网络数据调度过程如图 5-5 所示。

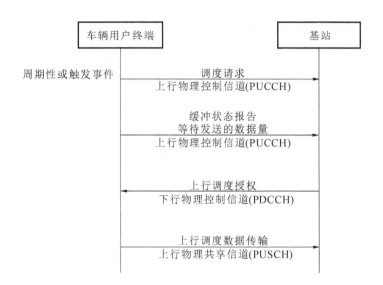

图 5-5　上行网络数据调度过程

5.4.2　离散随机逼近传输方案

随机逼近算法是在存在随机误差干扰的情况下,寻找带误差的量,测到的未知回归函数的零点或极值,适用于模式识别、神经元网络等领域来解决递推问题。车辆节点在高速道路上的通信,定义 $f(x)$ 作为候选通信车辆函数,涉及 n 个点采样的可用通信车辆,并得到一组函数度量值 $f(x_i)=y_i+\sigma_i(i=1,2,\cdots,n)$,应用贝叶斯法则,有

$$p(\hat{f}|\{y\}) = \frac{p(\{y\}|\hat{f})p(\hat{f})}{p(\{y\})} \tag{5.24}$$

上式左边数值 $p(\hat{f}|\{y\})$ 是所求概率的简写,即在车辆采样样本给定函数值 $\{y\}$ 的条件下的概率。右边的 $p(\hat{f})$ 为先验概率,并可通过分析写出后验概率,$p(\{y\}|\hat{f})$ 需要对误差来源做假设,且 $p(\{y\}|\hat{f})$、$p(\hat{f})$ 均服从多元正态/高斯分布。

计算式(5.24)中的 $p(\hat{f}|\{y\})$,可由下式计算。

$$p(\{y\}|\hat{f}) \equiv \prod_{i=1}^{n} \frac{1}{\sqrt{2\pi\sigma_i^2}}\exp\left(-\frac{(y_i-\hat{f}(x_i))^2}{2\sigma_i^2}\right) \tag{5.25}$$

其中,y_i 是车辆采样样本点的实际测量值,对于 $\hat{f}$ 是独立且服从高斯分布的。σ_i^2 是车辆方差的不确定度。

计算式(5.24)中的先验概率 $p(\hat{f})$,由一组数据点 $\{x_i, i=1,2,\cdots,N\}$ 来估计 f 函数联合统计数据点。假设数据点服从 f 的多元正态分布,由协方差矩阵 Σ 来控制,得到:

$$p[f(x_1),f(x_2),\cdots,f(x_N)] \sim \frac{1}{\sqrt{(2\pi)^N|\Sigma|}}\exp\left(-\frac{1}{2}\sum_{ij=1}^{N}f_i\sum_{ij}^{-1}f_j\right) \tag{5.26}$$

其中:

$$\sum_{ij} \equiv \sigma^2 \exp\left[-\frac{(x_i-x_k)^2}{2l^2}\right] \tag{5.27}$$

若 x_i 和 x_j 很接近,则将式(5.25)和式(5.26)代入式(5.24),得到后验概率 $p(f_1|\{y\})$ 的表达式为

$$p(f_1,f_2,\cdots f_N|\{y\})$$

$$\sim \exp\left(-\sum_{i=1}^{n}\frac{(y_i-f_i)^2}{2\sigma_i^2}-\frac{1}{2}\sum_{ij=1}^{N}f_i\sum_{ij}^{-1}f_j\right)$$

$$\sim N\left(\frac{1}{\sum^{-1}+\frac{1}{\sigma^2}I}\cdot\frac{1}{\sigma^2}\cdot I\cdot y,\frac{1}{\sum^{-1}+\frac{1}{\sigma^2}I}\right) \tag{5.28}$$

这里,$\frac{1}{\sigma^2}I$ 定义为

$$\sigma^2 I \equiv \begin{bmatrix} \sigma_1^2 & 0 & \cdots & 0 \\ 0 & \sigma_2^2 & \cdots & 0 \\ \vdots & & & \\ 0 & 0 & \cdots & \sigma_n^2 \end{bmatrix} \tag{5.29}$$

统一逆矩阵的分块结构表示法,得到

$$\frac{1}{\sum^{-1}+\frac{1}{\sigma^2}I}=\sum\frac{1}{I+\frac{1}{\sigma^2}I\sum}=\sum\begin{bmatrix}I_{00}+\frac{1}{\sigma^2}I_{00}\sum_{00} & \frac{1}{\sigma^2}I_{00}\sum_{01} \\ 0 & I_{22}\end{bmatrix}^{-1} \tag{5.30}$$

再利用分块矩阵,求逆公式,即

$$\begin{bmatrix}A & B \\ C & D\end{bmatrix}^{-1}=\begin{bmatrix}(A-BD^{-1}C)^{-1} & -(A-BD^{-1}C)^{-1}BD^{-1} \\ -D^{-1}C(A-BD^{-1}C)^{-1} & D^{-1}+D^{-1}C(A-BD^{-1}C)BD^{-1}\end{bmatrix} \tag{5.31}$$

式(5.30)中块 $C=0$、$D=1$,简化了上述分块矩阵求逆公式的计算过程,代入后得到:

$$\frac{1}{\sum^{-1}+\frac{1}{\sigma^2}I}=\sum\begin{pmatrix}I_{00}+\frac{1}{\sigma^2}I\sum_{00} & -\frac{1}{I_{00}+\sigma^2 I\sum_{01}}\sum_{01} \\ 0 & I_{11}\end{pmatrix} \tag{5.32}$$

利用此结果和式(5.28),得到测试集的平均值:

$$\left(\left[\sum^{-1}+\frac{1}{\sigma^2}I_{00}\right]^{-1}\cdot\frac{1}{\sigma^2}I_{00}\cdot y\right)_1$$

$$=\sum_{10}\frac{1}{I_{00}+\frac{1}{\sigma^2}I_{00}\sum_{00}}\frac{1}{\sigma^2}I_{00}\cdot y=\sum_{10}\frac{1}{\sigma^2 I_{00}+\sum_{00}}\cdot y \tag{5.33}$$

测试集的协方差,由式(5.32)的 I_{11} 计算得出:$\sum_{11}-\sum_{10}\cdot\frac{1}{\sigma^2 I_{00}+\sum_{00}}\cdot\sum_{01}$,联合式(5.33)可得:

$$p(f_1|\{y\})=N\left(\sum_{10}\frac{1}{\sigma^2 I_{00}+\sum_{00}}\cdot y,\sum_{11}-\sum_{10}\frac{1}{\sigma^2 I_{00}+\sum_{00}}\sum_{01}\right) \tag{5.34}$$

按实际得到的序列,求得回归函数的根,由此解决了车联网系统的优化问题。

5.4.3 动态路由预测

为了满足车联网中高可靠性和低时延的要求,一个非常重要的研究方向是高效、可靠和安全的路由协议。任何路由协议的主要目标都是找到车辆节点之间的最佳通信方式,采用需求驱动的路由建立过程。国内外在已有的移动自组织网络路由算法的基础上,结合车联网的特点,提出了许多有价值的车联网路由协议,为分组数据提供传输路径,根据信息需求分类,可分为基于位置的路由、基于路径的路由、基于拓扑的路由和基于地图的路由四类。

根据传播方式分类,则可以分为基于单跳传输、基于地理位置传输和基于广播传输三类。按时延敏感度则分为时延敏感路由和时延容忍路由。

在研究车联网的路由机制时,需要关注以下三个挑战。

(1)如何根据车辆过去的移动模式有效地预测车辆未来的位置。

(2)给定目标车辆的预测运动模式,如何选择车辆节点进行消息中继。

(3)在任何场景和任意车辆速度下,如何实现 V2V 和 V2I 之间的自动切换,以避免通信断开,并确保高连通的车联网状态。

几个经典的路由协议,如目的地顺序距离向量协议(DSDV)、动态源路由协议(DSR)和按需距离矢量路由协议(AODV)来自于 MANET 研究。考虑到车辆的特性,研究人员提出的贪婪周边协定路由协议(greedy perimeter coordinator routing,GPCR)和贪婪周边无状态路由协议(greedy perimeter stateless routing,GPSR)都是基于位置的路由。在车辆辅助数据传递(vehicle assisted data transmission,VADD)算法中,每个车辆节点都可以根据网络流量和路由类型预测其他车辆节点的移动性,并选择一个速度较高的候选车辆节点,以达到传输延迟最小的目的。为了实现最小的延迟,当通信范围内有车辆或其他路边单元时,使用一些基础设施沿着最佳传输路径存储和转发数据包,其性能主要取决于车辆密度和交通场景。基于隐马尔可夫模型的预测路由,将实时信息从车辆传输到道路交通控制器,实时信息中的数据用于学习交通流量统计、交通拥挤状况和道路利用率,从而更有效地进行交通管理。通过 V2V 和 V2I 实时报告交通数据,可以节省安装和维护大量传感器的成本。

本小节基于隐马尔可夫模型(hidden Markov model,HMM),利用车辆的历史运动轨迹和运动模式,来有效预测车辆近期路径的路由方案。采用正反向算法进行训练隐马尔可夫模型,充分利用历史迁移模式,最大化消息到达目的地的概率。利用基于转发概率和到达目标时延预测的转发模式,有效选择中继节点进行消息转发的路由决策方案。

1. 车辆运动预测

隐马尔可夫模型(HMM)是一种统计马尔可夫模型,该模型将系统建模为具有未观测状态的马尔可夫过程。在隐马尔可夫模型中,状态非直接可见,而依赖于状态的观察是可见的。每个状态在可能的观察状态上都有一个概率分布。因此,隐马尔可夫模型生成的观察状态序列,提供了关于状态序列的信息。

采用前后向算法建立精确的隐马尔可夫模型,$\lambda=(N,M,\pi,A,B)$。隐马尔可夫模型可以用 $\lambda=(N,M,\pi,A,B)$ 或 $\lambda=(\pi,A,B)$ 来描述。其中,N 表示隐藏状态的个数,M 表示可观测状态的数目,$S=\{S_0,S_1,\cdots,S_{N-1}\}$ 是隐藏状态序列。$O=\{O_0,O_1,\cdots,O_{N-1}\}$ 是可见状态序列。$A=\{a_{ij}\}$ 是隐藏状态 S_i 与 S_j 之间的转移概率,其中 $a_{ij}=P(S_j|S_i)$。$B=\{b_j(k)\}$ 为隐藏状态 S_j 中可观察状态的概率 O_k。其中 $b_j(k)=P(O_k|S_j)$。$\pi=\{\pi_i\}$ 是初始隐藏状态概率,$\pi_i=P(S_i)$。

隐马尔可夫模型的相关变量定义如下:

$\alpha_t(i)=P(O_1,O_2,\cdots,O_t,S_i|\lambda)$ 为前向变量,累积观测序列和隐藏状态 S_i 在给定时刻 t,模型 λ 的概率。

$\beta_t(i)=P(O_{t+1},O_{t+2},\cdots,O_t,S_i|\lambda)$ 为后向变量,未来观测序列直到 T 时刻,隐藏状态 S_i 在给定时刻 t,模型 λ 的概率。

$\zeta_t(i,j)=P(S_i,S_j|O_1,O_2,\cdots,O_t,\lambda)$ 是在 t 时刻的隐藏状态 S_i,在 $t+1$ 时刻跃迁到隐藏

状态 S_j,给定模型 λ 和观测序列的概率。

$\gamma_t(i,j) = P(S_i|O_1,O_2,\cdots,O_t,\lambda)$ 是隐藏状态 S_i 在 t 时刻,给定模型 λ 和观测序列的概率。

前后向算法的调整过程如下:

(1) 初始化 $\lambda = (\pi,A,B)$;

(2) 计算相关参数 $\alpha_t(i)$、$\beta_t(i)$、$\zeta_t(i,j)$ 和 $\gamma_t(i,j)$;

(3) 调整 π、A、B、λ。

(4) 如果 $P(O|\lambda)$ 增加,返回(2)。

在隐马尔可夫模型中,跃迁和观测都可以用来预测下一个状态。应用式(5.35),预测 $t+1$ 时刻下的状态分布。

$$P^{t+1}(s) \leftarrow \frac{P^t(S)P(O_{t+1}|S)}{P(O_{t+1})} \tag{5.35}$$

此外,$P(O_{t+1})$ 为 $t+1$ 观测时刻,用于进一步约束状态分布。

$$P(O_{t+1}) = \sum_{S_i \in S} P^{t+1}(S_i)P(O_{t+1}|S_i) \tag{5.36}$$

本小节引入隐马尔可夫模型的路由预测方案,利用车辆作为中继来携带和转发消息。定义路由度量,根据车辆的历史运动轨迹,预测车辆未来的运动路径。提出中继节点,继续转发数据包的路由算法和相应的路由路径。下一小节中的联合中继选择,选择一组更有可能到达目标车辆的节点作为中继节点,以较高的概率将信息转发给目标车辆。

由于位置信息在车联网中是可用的,对单播路由有明显的好处,因此路由方案充分利用了通信节点的位置来确定转发节点和传输路径。发送方可以通过本地 GPS 或其他定位方案找到自己的位置,并通过某种定位服务获取目标车辆的位置。每辆车都可以根据道路的限速,估计自己在特定时间的速度。车辆定期向它的单跳邻居广播信标信息,以宣布它的物理位置、移动速度和方向。

首先根据车辆的历史移动模式、当前链接信息获取车辆所有可能的目的地,然后预测从当前位置到目的地的行程序列。使用最后的路段来表示目的地,而不是使用单一的位置,从而获得基于隐马尔可夫模型的出行顺序预测。将数据包的目标位置划分为两类:目标路段和中间路段。当车辆在运动状态下,其最终位置未知。因此,最终的车辆位置作为隐马尔可夫模型中的一个隐藏状态,以及作为可观测状态的车辆直接到达的路段。转移矩阵 A 是 $N \times N$ 的大小,N 为目标位置的数量。发射矩阵 B 是 $N \times M$ 的大小,其中 M 为中间道路或路段的数量。采用隐马尔可夫模型来预测下一个位置的车辆。

首先,根据历史表中记录的访问时间,找出车辆频繁访问的目的地段。然后,用这些路段作为矩阵 A 的元素。为了形成准确的隐马尔可夫模型,应用前后向算法来计算上述定义的四个相关变量 $\alpha_t(i)$、$\beta_t(i)$、$\zeta_t(i,j)$ 和 $\gamma_t(i,j)$。然后,根据式(5.37)、式(5.38)、式(5.39)来计算 $\overline{\pi_i}$、$\overline{a_{ij}}$ 和 $\overline{b_i(k)}$。最后,得到精确模型 $\lambda = (\pi,A,B)$。其中$(1,2,\cdots,t,\cdots,T)$表示观测序列。在时刻 t,车辆沿着新的路径移动,并更新其历史位置表。

车辆在时刻 t,停留在隐藏状态 S_i 的期望次数为

$$\overline{\pi_i} = \gamma_t(i) \tag{5.37}$$

从 S_i 到 S_j 的转移概率为

$$\overline{a_{ij}} = \frac{\sum_{t=1}^{T} \zeta_t(i,j)}{\sum_{t=1}^{T} \gamma_t(i)} \tag{5.38}$$

隐藏状态是 S_j 时,观测状态 O_k 的概率为

$$\overline{b_i(k)} = \frac{\sum_{t=1,O_k}^{T} \gamma_t(j)}{\sum_{t=1}^{T} \gamma_t(j)} \tag{5.39}$$

表 5-1 中,l_{j-1} 为车辆经过的前一段路段,l_j 为当前经过的路段,d_k 为目的路段。

表 5-1 历史时刻记录

l_{j-1}	l_j	d_k
...	...	...
7	23	12
23	27	12
27	36	12
46	12	12
12	...	...

例如,车辆已经到达图 5-6 中的路段 12。红色的点表示车辆的当前位置,绿色的点表示车辆可能的目的地。38、41 或 80 标志着一个街道段,有 38、41 和 80 三个可能的下一个路段要通过。基于矩阵 A 的变换,当前路段 12 到每个可能的下一路段的概率分别是 $a_{12 \to 38} = 0.3367$、$a_{12 \to 41} = 0.1497$、$a_{12 \to 80} = 0.2561$。因此,通向路段 38 的路径很可能被选为下一条路径。由矩阵 B 可知,$b_{12}(10) = 0.4794$、$b_{12}(16) = 0.1145$、$b_{12}(20) = 0.0972$。因此通过路段 10 的概率最大,从而形成车辆的行驶顺序。在得到行程序列后,每辆车都可以知道它是否可能到达它所接收到的数据包的目的地。然后,将导出基于行程序列的路由度量,这将在下一小节中介绍。

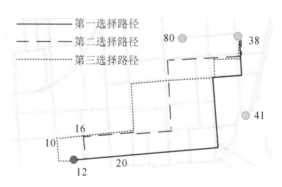

图 5-6 道路被表示为离散的段

2. 路由度量

本小节定义了两个路由指标来评估车辆转发数据包的能力,即交付延迟和交付概率。只有当邻居车辆能够平衡这两个指标时,才可以选择它作为下一跳中继。

(1)交付概率:数据包成功交付到目的地的概率。根据预测模型,可以得到从当前车辆节点到目标 D 的粗略路由,并估计交付概率。由式(5.38)可以推导出当前节点的矩阵,其中

$p_{i \to j}$ 表示从 l_i 到 l_j 的概率,n 表示从 l_c 到 l_d 的链接数目。

$$P[n \times n] = \begin{bmatrix} 1 & p_{1 \to 2} & \cdots & p_{1 \to n} \\ p_{2 \to 1} & 1 & \cdots & p_{2 \to n} \\ \vdots & & & \\ p_{n \to 1} & p_{n \to 2} & \cdots & 1 \end{bmatrix} \tag{5.40}$$

由于从 l_c 到 l_d 有多个连续路径,用 $\Gamma_j = \langle l_1, l_2, \cdots l_n \rangle$ 表示 j_{th} 路径,其中 $l_1 = l_c, l_n = l_d$。通过 Γ_j 到达目的地的概率,可以计算为

$$P_i = \prod_{i,j<n} p_{i \to j} \tag{5.41}$$

将缓存所有可能路径到目标 D 的概率,并选择概率最大的路径作为最优路径。

(2)交付延迟:当前车辆按照特定路径,从当前位置行驶到目标位置的估计时间。路径上的交付延迟 Γ_j 为车辆到达目的地所花费的总时间。交付延迟 d_{V2D} 定义为

$$d_{\text{V2D}} = \frac{L}{g_v} + \sum_{l_i \in \Gamma_j} \frac{sl_i}{v} \tag{5.42}$$

其中,L 为数据包的大小,g_v 是当前车辆节点的传输速率,s_{l_i} 是路段 l_i 的长度,$\sum_{l_i \in \Gamma_j} \frac{sl_i}{v}$ 表示沿程 Γ_j 所花费的时间。

3. 路由选择

在许多情况下没有部署路边单元。若部署路边单元后,如果所有车辆都使用路边单元进行通信,将导致通信过载,从而导致性能显著下降。在没有路边单元和减轻路边单元负担的情况下,数据包最好通过 V2V 通信转发来确保通信。如果车辆密度较低,且周围存在路边单元,则利用 V2I 通信。最后,当没有 V2V 或 V2I 可用时,将利用车辆的移动性将数据包运送到目的地。

因此,基于隐马尔可夫模型的路由预测(predictive routing based on hidden markov model,PRHMM)中的路由包,遵循以下基本原则。

(1)如果车辆在其传输范围内发现目标,则直接向目标发送消息。

(2)否则,该车辆根据路由度量,最多选择其他 N 辆车来转发数据包。

(3)否则,如果步骤(2)中不存在车辆,则应选择适当的 RSU 转发数据包。

(4)否则,该车辆将保存该数据包,直到遇到合适的下一跳,或者在达到保存该数据包的最大时间时,丢弃该数据包。

为了可靠、及时地将数据包发送到目的地,重要的是找到合适的中继。在隐马尔可夫模型中,对于一个持有数据包的车辆节点,将使用以下五个步骤来选择车辆或路边单元作为其中继,继续将数据包转发到目的地 D。

步骤(1),在发送数据包之前,将 D 的标识符和位置 l_d 等信息广播给它的邻居。

步骤(2),每个邻居用交付延迟、交付概率及其遇到路边单元的概率进行响应。

步骤(3),节点将自己的延迟和交付概率与邻居的延迟和交付概率进行比较。

为了在选择中继时在交付概率和交付延迟之间进行权衡,定义了一个度量:

$$Q = \alpha \cdot p - (1-\alpha) d_{\text{V2V}} \tag{5.43}$$

其中,p 表示发送到 D 和 d_{V2V} 的概率,表示交付到目的地 D 的延迟。确定一个邻居节点是否可以作为候选中继,要求如下:

$$中继 = \begin{cases} 1, \dfrac{Q_{\text{nieghbor}}}{Q_{\text{current}}} > \delta \\ 0, 其他 \end{cases} \tag{5.44}$$

如果候选中继的邻居数目大于 N，则选择前 N 个邻居；否则，选择所有合适的邻居。

步骤(4)，如果 $\delta > 1$，选择中继将确保一个数据包到达 D 具有更好的性能，进行数据包转发。

步骤(5)，如果 $\delta < 1$，数据包可能被发送到一个路边单元。

如果当前节点遇到路边单元的概率比它的所有邻居都大，一旦遇到路边单元，它就会转发数据包。否则，数据包将被发送到其遇到路边单元的概率最高的邻居。接收到数据包后，路边单元在传输范围内将数据包发送到目标 D。否则，数据包将被转发到其最接近 D 的路边单元邻居，并且进程将继续。

如果数据包到达距离 D 最近，但超出其传输范围的路边单元，路边单元会将数据包发送到具有较高到达 D 概率的路过车辆。

再考虑无线带宽加性高斯白噪声信道的可靠性，其中信道可靠性函数定义为：

$$E(R) = \begin{cases} C_\infty/2 - R, & (0 \leqslant R \leqslant C_\infty/4) \\ (\sqrt{C_\infty} - \sqrt{R})^2, & (C_\infty/4 \leqslant R \leqslant C_\infty) \end{cases} \tag{5.45}$$

若通信系统传输的信息速率为 R，越接近其信道容量值 C_∞，则系统传输的可靠性就越差，即 $E(R)$ 的值越小；$E(R)$ 的值越大则通信系统的可靠性越好。通信系统的可靠性是以信息速率 R 为自变量的减函数，无线带宽加性高斯白噪声信道的可靠性函数如图 5-7 所示。

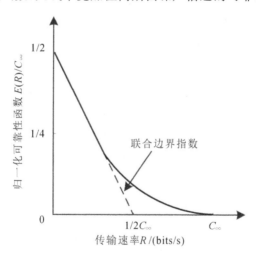

图 5-7 无线带宽加性高斯白噪声信道的可靠性函数

本小节基于优化构建，结合人工智能技术提升车联网的智能化水平，对路由协议进行优化分析。通过强化学习使累积效用最大化，关注智能体在环境中采取的一系列行为，从而获得最大累积回报。AI 赋能 5G 网络的典型场景中的波束赋形、移动负荷均衡、承载网络流量预测、动态路由优化、智能化的虚拟资源动态分配等，实现智能的策略生成和参数自动配置。其中基于 AI 的 5G 移动负载均衡，通过深度学习、强化学习算法对负荷提前预测，考虑切换小区和目标用户的选择，快速降低负荷并达到负载均衡状态，平均可提升用户吞吐量 10% 以上。

5.4.4 联合中继选择

车辆终端时空随机分布,车辆通道存在固有的时空频率变异性。协作通信是一种从物理层或跨层角度,提高无线中继传输系统性能的技术。每个车辆终端的天线,基于典型中继信道模型协同共享天线,从而在物理层创建虚拟天线阵列,从装载有移动接入点的车辆中选择中继节点,利用车辆上部署的大规模多输入多输出(MIMO)收发器,提高装有车载收发器车辆的传输功率和接收灵敏度,为多天线系统提供空间分集(也称协作分集)和编码增益,使其性能增强,减缓信道的快速衰落。

本小节采用复合式的中继向量,提出跨层的联合中继选择方案。综合考虑车辆位置、移动接入点的信号强度增量、车辆间链路的信道质量和稳定度等信息来计算中继向量。

1. 信号强度增量(signal strength increment,SSI)

当车辆驶向基站方向时,信号强度增强;当车辆驶离基站方向时,信号强度减弱。信号强度增量与车辆行驶速度有关。设特定行驶方向和速度下信号强度的变化率为 α,则信号强度增量为:

$$\Delta \text{SSI} = \text{SSI}_t - \text{SSI}_{t-1} = \begin{cases} 1 - \exp\left(\dfrac{|v_t - v_{t-1}|}{\alpha}\right), & \text{车辆驶近基站} \\ -\left[1 - \exp\left(-\dfrac{|v_t - v_{t-1}|}{\alpha}\right)\right], & \text{车辆驶离基站} \end{cases} \tag{5.46}$$

式(5.46)中,信号强度增量和车辆运动速度有关,采用车辆行车记录通信基站的地理信息,通过链路的信道稳定度来反映信道强度增量的变化。

2. 链路稳定度(link stability)

V2V 通信的车辆之间行驶方向、速度的一致性越高,则车辆间链路稳定度越高。V2V 两车之间的链路稳定度(LS)的计算式为:

$$\text{LS}_{ij} = \dfrac{-(ab+cd) + \sqrt{(a^2+c^2)R^2 - (ad-bc)^2}}{a^2+b^2} \tag{5.47}$$

式(5.47)中,车辆 i 和车辆 j 的坐标分别是 (x_i, y_i) 和 (x_j, y_j);θ_i 和 θ_j 为车辆所在道路相对于 x 轴的斜率;R 为传输半径。LS_{ij} 取值越大,则 V2V 车辆的链路稳定度越高。

3. 信道质量

通过测量物理层的信干噪比来确定信道误码率。

$$P_e = 1 - \left[1 - Q\left(\sqrt{\dfrac{2P_r}{R_b \times N_0}}\right)\right]^L = 1 - \left[1 - Q\left(\dfrac{I}{\Delta d}\right)\right]^L \tag{5.48}$$

其中:Q 函数为误差函数 $Q(x) = \dfrac{1}{\sqrt{2\pi}} \int_x^\infty e^{-t^2/2} dt$,$N_0$ 为噪声的能量谱密度,P_r 为信号功率,R_b 为数据传输速率。

在城市车流密集的道路环境下,信号强度较好。因存在建筑物的阻挡和反射,信号干扰较大,衰落严重,链路稳定度和信道质量均受到一定的影响。仿真及实验中根据消息源节点车辆当前的交通环境,设置 α_1、α_2、α_3、α_4 因子来调控,联合中继优先选择链路稳定、误码率低、距离更近的车辆。

在资源利用和负载均衡的条件下,对协作车辆中继节点的选择,应考虑协同车辆网络的多种性能指标,同时还应考虑车辆终端的能耗和传输可靠性。利用协作通信的联合中继选择,有助于将车辆网络资源利用和负载均衡的协作问题,映射到基于强化学习的决策框架之中。

5.4.5 协作传输的频谱共享

采用第 2 章车联网络架构,建设基于云的车联网络体系结构,如图 5-8 所示。该体系由三个交互层次结构组成:车辆云、路边云和中心云,其中车辆是利用云资源和服务的移动终端节点。

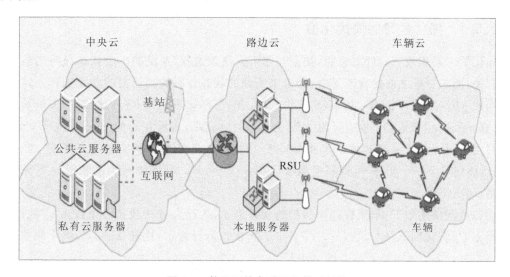

图 5-8 基于云的车联网络体系结构

车辆云:一组协作车辆之间建立的局部云,车辆间网络由 V2V 通信组成。通信组中的车辆被视为移动云站点,并协作创建车辆云。在车辆云中,一组车辆共享计算资源、存储资源和频谱资源,每辆车都可以访问云并利用云服务。通过车辆内部的相互协作,车辆资源按需动态调度。与单个车辆相比,车辆云具有更多的资源,且整体资源利用率显著提高。

路边云:由一组邻近的路边单元组成的小型路边云站点,专门的本地云服务器连接到路边单元,车辆通过 V2I 通信接入路边云,并定制一个临时云为绕开车辆提供云服务。当车辆从路边单元的云包定制一个临时云时,相应地定制了对应的虚拟资源。当车辆行驶出当前路边云服务的无线通信范围后,路边单元删除临时云,车辆将在其移动方向上从下一个路边云自定义一个新的定制云。在云服务中,当车辆沿着路行驶时,在不同的路边单元之间切换。为了保持云服务的连续性,定制的虚拟资源应该在各个路边云之间同步传输。这个过程称为虚拟资源的迁移。

中央云:在 Internet 上一组专用服务器之间建立的云。与车辆云和路边云相比,中央云具有更多的资源,可以由车载网络数据中心的专用服务器或 Internet 中的服务器驱动,主要用于复杂的计算、海量数据存储和全局决策。

关注车辆云和路边云中的频谱共享资源分配。在路边云中,一个云站点同时为多个车辆提供服务,车辆共享云站点中的资源。云站点虚拟计算机的资源分配考虑以下几个方面。

(1)效率:虚拟计算机资源分配策略要求高效、充分利用有限的资源。

(2)QoS:分配给某一特定车辆的资源,虚拟机应能满足其服务质量要求。

(3)公平:具有相同负载的虚拟机提供统计上相同的资源。将虚拟计算机之间对云资源的竞争,描述为一种非合作博弈过程。

5.5 最优策略及迭代

本节综合强化学习领域的研究,辨别车辆在城市密集交通场景下所处的状态,按照离散随机逼近及动态路由预测来决定动作,并根据联合中继选择、网络上行资源调度算法来调整策略,直至将资源供给与业务需求进行快速匹配,实现最优资源调度。

5.5.1 强化学习的最优化值

强化学习累积效用的计算思想,类似马尔可夫决策过程,系统的下个状态只与当前状态信息有关,而与更早之前的状态无关,即未来所处的状态会影响到当前的状态选择。定义四元组构成 $M=\{S,A,P_{sa},R\}$,其中,S 是状态集,有 $s \in S$,s_i 表示第 i 步的状态。A 表示一组行为,有 $a \in A$,a_i 表示第 i 步的行为。P_{sa} 为状态转移概率,表示在当前 $s \in S$ 状态下,经过 $a \in A$ 行为作用后,转移到其他状态的概率分布情况。R 是每个状态的效用函数,若一组 (s,a) 转移到了下一个状态 s',则回报函数记作 $r(s'|s,a)$。状态到行为的映射 $\pi:S \to A$,称为策略。

动态过程描述如下:车辆智能体的初始状态为 s_0,从行为 A 中挑选一个行为 a_0 执行,按随机概率 P_{sa} 转移到下一个状态 s_1,$s_1 \in p_{s_0 a_0}$。再次执行行为 a_1,则转移到 s_2。接下来执行行为 a_2,以此类推。即 $s_0 \xrightarrow{a_0} s_1 \xrightarrow{a_1} s_2 \xrightarrow{a_2} s_3 \xrightarrow{a_3} \cdots$。如果回报 r 是根据状态 s 和行为 a 得到的,则马尔可夫决策过程可以进一步表示为图5-9所示过程。其中 r_0 是状态 s_0 的效用函数,r_1 是状态 s_1 的效用函数。通过学习和最优化值,得到最优路由策略。

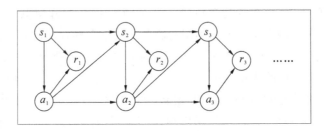

图 5-9 马尔可夫决策过程

强化学习指学习从一个环境状态到行为的映射,即行为策略 $\pi:S \to A$。定义值函数(又叫效用函数)用来表明当前状态下策略 π 的长期影响。其中值函数分为状态值函数(state value function)和行为值函数(action value function)。

用 $V^\pi(s)$ 表示策略 π 下,状态 s 的状态值函数,r_i 表示未来第 i 步的回报,当前状态值函数的形式如下。

$V^\pi(s) = E_\pi \Big[\sum_{i=0}^{h} r_i \,\Big|\, s_0 = s \Big]$,采用策略 π 的情况下,未来有限的 h 步的期望值函数总和。

$V^\pi(s) = \lim_{h \to \infty} E_\pi \Big[\dfrac{1}{h} \sum_{i=0}^{h} r_i \,\Big|\, s_0 = s \Big]$,采用策略 π 的情况下,期望的平均值函数。

$V^\pi(s) = E_\pi \Big[\sum_{i=0}^{h} \gamma_i r_i \,\Big|\, s_0 = s \Big]$,为状态值函数最常见的形式。$\gamma \in [0,1]$ 称为折合因子,

用于描述未来值函数相对于当前效用的重要程度。其中,$\gamma=0$ 表示仅考虑当前效用,$\gamma=1$ 表示未来效用和当前效用同等重要。将最常用的效用函数展开,其中 r_i 代表未来第 i 步的效用,s' 表示下一步的状态,给定策略 π 和初始状态 s,则有

$$\begin{aligned} V^\pi(s) &= E_\pi[r_0 + \gamma r_1 + \gamma^2 r_2 + \gamma^3 r_3 + \cdots | s_0 = s] \\ &= E_\pi[r_0 + \gamma E[\gamma r_1 + \gamma^2 r_2 + \gamma^3 r_3 + \cdots] | s_0 = s] \\ &= E_\pi[r(s'|s,a) + \gamma V^\pi(s') | s_0 = s] \end{aligned} \quad (5.49)$$

其中,行为 $a=\pi(s)$,以概率 $P(s'|s,a)$ 转到下一个状态 s',期望可以拆开重写为

$$V^\pi(s) = \sum_{s' \in S} p(s'|s,a)[r(s'|s,a) + \gamma V^\pi(s')] \quad (5.50)$$

式(5.50)的值函数为状态值函数。在 $V^\pi(s)$ 中,策略 π 和初始状态 s 是给定的,而初始行为 a 则由策略 π 和状态 s 来确定,即 $a=\pi(s)$。

定义行为值函数

$$Q^\pi(s,a) = E\Big[\sum_{i=0}^{\infty} \gamma^i r_i | s_0 = s, a_0 = a\Big] \quad (5.51)$$

车联网系统结合车辆节点当前状态 s 和当前行为 a,遵循策略 π,以概率 $P(s'|s,a)$ 转到下一个状态 s',则

$$Q^\pi(s,a) = \sum_{s' \in S} p(s'|s,a)[r(s'|s,a) + \gamma V^\pi(s')] \quad (5.52)$$

在 $Q^\pi(s,a)$ 中,给定策略 π 和初始状态 s,且当前行为 a 也给定,得到的最优策略即为最大化值函数。

$$\pi^* = \mathrm{argmax} V^\pi(s), (\forall s) \quad (5.53)$$

根据以下原则来优化已有策略。

(1) 保持策略 π 的其他行为不变,仅将当前状态 s 的当前行为 a 改变为 a',从而得到新策略 π'。

(2) 若值函数 $V'>V$,则说明策略 π 好于策略 π'。通过动态规划算法得到最优策略 π^*。

5.5.2 求解最优策略

求解最优策略中,最基本的算法是动态规划法,此外还有蒙特卡洛法和瞬时差分法。上述已经推导了贝尔曼方程的 V^π 和 Q^π 来代表当前状态值函数与下一个状态值函数之间的关系。

贝尔曼方程(Bellman equation)如下。

$$\begin{aligned} V^\pi(s) &= \sum_{s' \in S} p(s'|s,\pi(s))[r(s'|s,\pi(s)) + \gamma V^\pi(s')] \\ &= E_\pi[r(s'|s,a) + \gamma V^\pi(s') | s_0 = s] \end{aligned} \quad (5.54)$$

$$\begin{aligned} Q^\pi(s,a) &= \sum_{s' \in S} p(s'|s,a)[r(s'|s,a) + \gamma V^\pi(s')] \\ &= E_\pi[r(s'|s,a) + \gamma V^\pi(s') | s_0 = s, a_0 = a] \end{aligned} \quad (5.55)$$

优化目标 π^* 表示为 $\pi^*(s) = \underset{a}{\mathrm{argmax}} V^\pi(s)$。

其中,最优策略 π^* 对应的状态值函数 $V^*(s)$、行为值函数 $Q^*(s,a)$ 的关系式为:

$V^*(s) = \underset{a}{\max} Q^*(s,a)$,且分别满足贝尔曼最优解方程(Bellman optimality equation)。

$$V^*(s) = \underset{a}{\max} E[r(s'|s,a) + \gamma V^*(s') | s_0 = s]$$

$$= \max_{a \in A(s)} \sum p(s'|s,\pi(s))[r(s'|s,\pi(s)) + \gamma V^\pi(s')] \quad (5.56)$$

$$Q^*(s) = E[r(s'|s,a) + \gamma \max_{a'} Q^*(s',a')|s_0 = s, a_0 = a]$$

$$= \sum p(s'|s,\pi(s))[r(s'|s,\pi(s)) + \gamma \max_{a \in A(s)} Q^*(s',a')] \quad (5.57)$$

推导出了贝尔曼方程和贝尔曼最优解方程,接下来利用动态规划解法来求解马尔可夫决策过程。

◆ 5.5.3 策略估计

对任意策略 π,计算其状态值函数 $V^\pi(s)$ 的过程,称为策略估计。

对确定性策略,状态值函数 $V^\pi(s) = \sum_{s' \in S} p(s'|s,\pi(s))[r(s'|s,\pi(s)) + \gamma V^\pi(s')]$ 扩展到一般情况下,如动态调整,在某策略 π 下,$\pi(s)$ 所对应的行动 a 是非确定性的,即对应行动 a 的策略是 $\pi(a|s)$,则状态值函数为

$$V^\pi(s) = \sum_a \pi(a|s) \sum_{s' \in S} p(s'|s,a)[r(s'|s,a) + \gamma V_k(s')] \quad (5.58)$$

采用迭代法来更新状态值函数 $V^\pi(s)$。首先对所有的 $V^\pi(s)$ 赋初值 0,其次更新所有状态 s 的值函数,则第 $k+1$ 次迭代:

$$V_{k+1}(s) = \sum_a \pi(a|s) \sum_{s' \in S} p(s'|s,a)[r(s'|s,a) + \gamma V_k(s')] \quad (5.59)$$

更新状态值函数的方法有两种,第一种是将第 k 次迭代的各个状态值函数 $\{V^k(s_1), V^k(s_2), V^k(s_3), \cdots\}$ 存储在一个数组中。第 $k+1$ 次迭代的状态值函数 $V^\pi(s)$ 用第 k 次迭代的状态值函数 $V^\pi(s')$ 来计算。计算结果则存储在第二个数组中。

第二种方法是仅用一个数组来存储各状态值函数,每次迭代得到新的状态值覆盖旧的状态值。第 $k+1$ 次迭代的状态值函数 $V^\pi(s)$,用第 k 次迭代的状态值函数 $V^\pi(s')$ 来计算,得到 $\{V^{k+1}(s_1), V^{k+1}(s_2), V^{k+1}(s_3), \cdots\}$。第二种方法能更快地收敛,及时利用新值,因此本节采用第二种方法更新数据,整个策略估计计算方法如下所示。

算法 5.2 策略估计算法

输入 π,策略估计请求

初始化数组 $v(s)=0, s \in \mathbb{S}^+$

Repeat

  $\Delta \leftarrow 0$

  for $s \in \mathbb{S}$

   $temp \leftarrow v(s)$

   $v(s) \leftarrow \sum_a \pi(a|s) \sum_{s'} p(s'|s,a)[r(s,a,s') + \gamma v(s')]$

   $\Delta \leftarrow \max(\Delta, |temp - v(s)|)$

until $\Delta < \theta$(任意小正数)

输出 $v \approx v_\pi$

◆ 5.5.4 策略改进

寻找更好的策略的过程,称为策略改进。设一个确定了所有状态值函数 $V^\pi(s)$ 的策略

π,对于某状态 s,有行为 $a_0 = \pi(s)$。若在状态 s 下不采用行为 a_0,而采用其他行为 $a \neq \pi(s)$,则判断策略行为的优劣需要通过计算行为值函数 $Q^\pi(s,a)$ 来判断,即式(5.60)所示。

$$Q^\pi(s,a) = \sum_{s' \in \mathbb{S}} p(s'|s,a)[r(s'|s,a) + \gamma V^\pi(s')]$$
$$= \max_a \sum p(s'|s,\pi(s))[r(s'|s,\pi(s)) + \gamma V_k(s')] \quad (5.60)$$

策略的评判标准为行为值函数 $Q^\pi(s,a)$ 是否大于状态值函数 $V^\pi(s)$。对于某状态 S,若存在 $Q^\pi(s,a) > V^\pi(s)$,则说明新策略在整体上好于旧策略。设 π 和 π' 是两个确定的策略,若对所有的状态 $s \in \mathbb{S}$,均有 $Q^*(s,\pi'(s)) \geqslant V^*(s)$,则策略 π' 比策略 π 更好,且等价于 $V^{\pi'}(s) \geqslant V^\pi(s)$,此为策略改进定理。

采用策略改进方法和策略改进定理,遍历所有状态和所有可能的行为 a,采用贪心策略来获得新策略 π',即对所有的状态 $s \in \mathbb{S}$ 更新策略:

$$\pi'(s) = \mathop{\mathrm{argmax}}_a Q^\pi(s,a) = \mathop{\mathrm{argmax}}_a E_\pi[r(s'|s,a) + \gamma V^\pi(s') | s_0 = s, a_0 = a]$$
$$= \mathop{\mathrm{argmax}}_a \sum_{s' \in \mathbb{S}} p(s'|s,a)[r(s'|s,a) + \gamma V^\pi(s')] \quad (5.61)$$

根据式(5.61),对于所有的 $s \in \mathbb{S}$:

$$V^{\pi'}(s) = \max_a E[r(s'|s,a) + \gamma V^{\pi'}(s') | s_0 = s]$$
$$= \max_a \sum_{s' \in \mathbb{S}} p(s'|s,a)[r(s'|s,a) + \gamma V^{\pi'}(s')] \quad (5.62)$$

式(5.62)即为前述最优解中提及的贝尔曼最优解方程,则 π 和 π' 均为最优策略。

5.5.5 策略迭代

策略迭代(policy iteration)算法即策略估计和策略改进的组合。设有一个策略 π,则可采用策略估计求得状态值函数 $V^\pi(s)$,再根据策略改进得到更好的策略 π',进一步计算状态值函数 $V^{\pi'}(s)$;再次根据策略改进,获得更好的策略 π''。策略迭代的整体过程顺序如下:

$$\pi_0 \xrightarrow{E} v_{\pi_0} \xrightarrow{I} \pi_1 \xrightarrow{E} v_{\pi_1} \xrightarrow{I} \pi_2 \xrightarrow{E} v_{\pi_2} \xrightarrow{I} \cdots \xrightarrow{I} \pi^* \xrightarrow{E} v_{\pi^*}$$

完整的迭代算法如下所示。

算法 5.3 策略迭代算法

1. 初始化
$v(s) \in \mathbb{R}$ 且 $\pi(s) \in A(s)$,对于任意的 $s \in \mathbb{S}$;

2. 策略估计
repeat
  $\Delta \leftarrow 0$
  for $s \in \mathbb{S}$;
    $temp \leftarrow v(s)$
    $v(s) \leftarrow \sum_{s'} p(s'|s,\pi(s))[r(s,\pi(s),s') + \gamma v(s')]$
    $\Delta \leftarrow \max(\Delta, |temp - v(s)|)$
  until $\Delta < \theta$(任意小正数)

3. 策略改进
策略保持 $\leftarrow$ true;

for $s \in \mathbb{S}$；
tem$p \leftarrow \pi(s)$
$$\pi(s) \leftarrow \mathop{\mathrm{argmax}}_{a} \sum_{s'} p(s' \mid s,a)[r(s,a,s') + \gamma v(s')]$$
if tem$p \neq \pi(s)$； then 策略保持$\leftarrow$false
if 策略保持； then 返回 v 和 π；else 返回 2

◆ 5.5.6 值迭代

策略估计中需要扫描(sweep)所有的状态若干次,算法复杂度和巨大的计算量会影响策略迭代算法的运行效率。在保证算法收敛的前提下,为缩短策略估计的过程,值迭代的每次迭代只扫描每个状态一次,从而获得非精确的状态值函数 $V^{\pi}(s)$。值迭代的每次迭代对所有的 $s \in \mathbb{S}$ 更新方式如下：

$$\begin{aligned} V_{k+1}(s) &= \max_{a} E[r(s' \mid s,a) + \gamma V_k(s') \mid s_0 = s] \\ &= \max_{a} \sum_{s'} p(s' \mid s,\pi(s))[r(s' \mid s,\pi(s)) + \gamma V_k(s')] \end{aligned} \quad (5.63)$$

式(5.63)中,值迭代在第 $k+1$ 次迭代时,直接将获得的最大的 $V^{\pi}_{\max}(s)$ 值赋值给 V_{k+1},即在不需要存储策略 π 的情况下,直接用可能转到的下一步 s' 的 $V(s')$ 来更新当前的 $V(s)$,同时改变了策略 π_k 和 $V(s)$ 的估值 $V_k(s)$。算法结束后,再通过 $V(s)$ 值获取最优策略 π^*。值迭代的完整算法如下所示。

算法 5.4 值迭代算法
初始化数组 v,取任意值($v(s)=0, s\in S^+$)；
Repeat
    $\Delta \leftarrow 0$
    for $s \in \mathbb{S}$
    tem$p \leftarrow v(s)$
    $v(s) \leftarrow \max_{a} \sum_{s'} p(s' \mid s,a)[r(s,a,s') + \gamma v(s')]$
    $\Delta \leftarrow \max(\Delta, |\text{tem}p - v(s)|)$
until $\Delta < \theta$(任意小正数)
输出确定性策略 π,即
$$\pi(s) \leftarrow \mathop{\mathrm{argmax}}_{a} \sum_{s'} p(s' \mid s,a)[r(s,a,s') + \gamma v(s')]$$

由值迭代算法可知,最后一步即为根据 $V^*(s)$ 获得最优策略 π^*。

仿真运行中,根据实际路况的值迭代和策略迭代都需要经过无数轮迭代才能精确地收敛到 $V^*(s)$ 和 π^*。而工程实践中,采取设置阈值作为中止条件,即当 $V^{\pi}(s)$ 改变很小时,进行有限次数的迭代,就可以近似收敛到最优策略 π^*。

5.6 算法仿真及结果分析

◆ 5.6.1 仿真环境设置

基于轨迹的车辆运动模型考虑真实的车辆运动,根据车辆移动的总体特征,借助渗流理论,研究车辆的整体移动性,记录实际车辆轨迹,更新车辆的 GPS 位置,并反映到仿真中。但网络仿真中的结果在实际应用中受到了限制,可利用的车辆轨迹很少,且不能反映密集城市交通场景下所有车辆的轨迹。目前车辆传感器的通信半径范围 R 值均大于 30 m,车辆的通信范围最大可达 300 m。然而,只有当通信半径大于感知半径的 2 倍时,才能在确定的覆盖情况下保证连通性。车辆传感器节点的检测半径和通信半径受多方面的限制,经常会出现车辆节点可以达到覆盖率的要求,但却不能保证网络的连通性。那么,在一个固定区域内,只有当车辆节点分散且节点连通度为 k 时,才能保证构建一个可靠性高、连通概率大且生存时间长的无线网络。由于部署大规模车辆及网络的成本很高,本章的算法性能评估工作是在仿真环境下进行的,算法设计采用连通半径及圆形连通区域来抽象系统。

表 5-2 给出关于网络连通性和能耗算法的仿真参数。

表 5-2 仿真参数设置

参 数	参 考 值	参 数	参 考 值
监测半径(r)	400 m	发射功率	17~23 dBm
车辆节点数目(N)	50(20~200)	信息率	3 Mbps
车辆通信半径(R)	30 m	数据包大小	500 B
车道	4	数据包产生率	10 Hz
车道宽度	3.6 m	时隙	13 μs
车辆密度	10~100 辆/km	频率	5.9 GHz
模型变更周期	30 s	带宽	10 MHz

设监测区域近似一个圆形,设其半径 $r=400$ m,车辆节点数目 N 取 $50 \gg 10$,则监测区域的面积大约是 $S = \pi r^2 \approx 5.03 \times 10^5$ m²;车辆终端的通信半径最大取 30 m,则有车辆节点的通信面积为 $S' = \pi R^2 \approx 2827.43$ m²,此时 $P = \dfrac{S'}{S} \approx 0.0056 \ll 0.1$。所以车辆节点的分布满足均值 $\lambda = NP$ 的泊松分布。

5.6.2 网络连通度指标

结合判断连通性的算法,在计算网络覆盖率时,利用微元思想,保证网络刚好连通,找到刚好连通时的每个车辆节点的最小通信半径。在实现上,仿真中选择将 20~200 个车辆节点,以随机均匀分布的方式部署在 1×1 的方格中,结合判断连通性的算法,保证网络刚好连通时车辆节点的最小通信半径,并根据简化的路径损耗模型计算车辆节点此时的最小发射功率;计算车辆节点的覆盖率时,利用微元思想将 1×1 的方格划分为多个小正方形,计算统计覆盖区域小方格个数占总体小方格个数的比例,即可近似求得车辆节点的覆盖率。

前述小节给出了在保证网络节点连通度为 k 的概率最大的同时,无线网络能耗尽可能减小的一种连通度及能效组网算法。根据实验所得的结果,给出网络节点连通度 k、监测区域的半径 r 以及车辆通信半径 R 三者之间的关系仿真图,如图 5-10 所示。

从图 5-10 可以看出,当监测区域的半径 $r=400$ m 时,网络连通度 k 为 8 左右,车辆通信半径 R 为 16 m 左右,此时车联网具备强连通性网络的特性。也就是说,当车辆通信半径在 16 m 左右时,整个网络就可以处于连通状态,可以维持网络的正常运作。且此时网络期望

的连通度 k 为 8,因为 k 为 8 的连通概率 F_p 是最大的。车辆通信半径 R 是反映网络整体能耗的指标之一,R 的值越大说明整个网络的能量消耗就会越大。

从图 5-10 还可以看出,车辆通信半径 R 仅为 16 m 左右时就能满足网络对于连通性的需求,这就证明了本书所提组网算法具有节约能效的作用,可以维持车联网达到期望连通度的同时有效降低网络能耗。下面的实验主要围绕图 5-10 所示三维图形提供的信息进行研究。

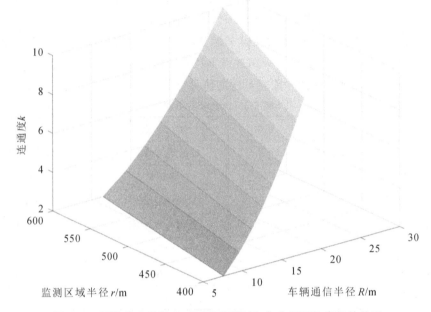

图 5-10 网络节点连通度、监测区域半径、与车辆通信半径的关系

5.6.3 通信半径对连通性的仿真

此次实验分两种情况进行研究:(1) 当节点的通信半径 R 一定时,网络节点的连通度 k 与连通概率 F_p 之间的函数关系;(2) 当网络节点连通度 $k=8$ 时,车辆通信半径 R 与连通概率 F_p 之间的函数关系。为了保证结果的精确性,本章仿真以车辆节点数目 50 辆为一组,一共仿真 100 组,合计 5000 次。此次实验主要是统计这 100 组数据,然后每组实验中任意取某一车辆节点,根据所给出的车辆通信半径 R 统计其邻居节点个数,即连通度,并计算出连通概率,其中连通度 k 的范围为 0~10,车辆通信半径 R 依次取 9、14、16、18。仿真图形如图 5-11 所示。

图 5-11 给出了当车辆节点的通信半径分别为 9 m、14 m、16 m、18 m 时,网络连通度 k 与连通概率 F_p 的函数曲线。其中,仿真曲线是根据 100 组实验所得出的结果绘制得到,而理论曲线则是根据泊松分布的计算公式推导得到。从图 5-11 可以看出,仿真曲线与理论曲线十分接近,即误差相对较小,可以证明这样的结论:在监测区域内随机分布的车辆节点的数目近似可以看作泊松分布,从而车辆节点的连通度 k 也符合泊松分布的规律。

此外,对图 5-11 中的四个图形逐一分析:图 5-11(a)中,当车辆节点的通信半径 R 为 9 时,连通度 k 为 2 的概率最大。图 5-11(b)中,当车辆节点的通信半径 R 为 14 时,连通度 k 为 6 的概率最大。图 5-11(c)中,当车辆节点的通信半径 R 为 16 时,连通度 k 为 7 或 8 的概率最大,此时网络为强连通网络。图 5-11(d)中,当车辆节点的通信半径 R 为 18 时,连通度 k 概率最大

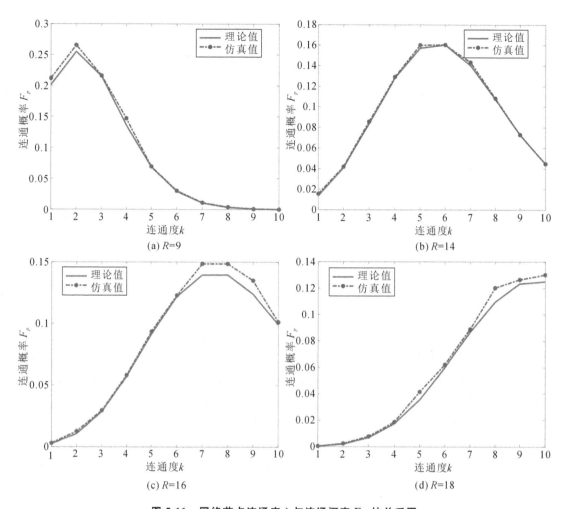

图 5-11　网络节点连通度 k 与连通概率 F_p 的关系图

时，k 已经超过了给出的范围。由此可得到结论：当车辆节点的通信半径 R 越大时，网络所期望的连通度 k 也会越大，也就是说，要想获得更大的连通度 k，那么车辆节点的通信半径 R 必须更大。根据这个规律结合动态路由组网算法和能效优化算法，借助算法设计选择条件处于最佳的睡眠车辆节点进行唤醒，可使车联网达到期望连通度的同时，能耗降到最低。

根据图 5-10，当连通度 k 为 8，通信半径为 16 m 左右时，车联网构成强连通网络。当连通度 k 为 8，且车辆节点的通信半径 R 取不同值时，将由式(5.6)所得出的理论值与实验所得的结果进行比较。其中车辆节点的通信半径 R 取 9～18 m，a，b 均取 1。$k=8$ 时，车辆节点通信半径 R 与连通概率 F_p 的关系仿真图形如图 5-12 所示。

从图 5-12 可以看出，仿真曲线与理论曲线非常近似，故在实际情况下可采用式(5.6)来计算车联网连通度的最大概率值。当且仅当车辆通信半径为 16 m 时，网络连通度 k 达到 8 的概率最大。这从侧面证明了图 5-10 反映的当网络连通度 $k=8$，车辆通信半径 $R=16$ m 时，车联网可构成强连通性网络的结论。此外，若车辆节点的通信半径 R 继续增大，例如 $R=18$ 时网络的连通概率下降至 0.23，这样不仅不能最大化保证网络连通性，而且还会加大网络能耗，从而降低网络的使用寿命。因此，对车联网成为强连通性网络时所具备的特性进行研究非常重要。

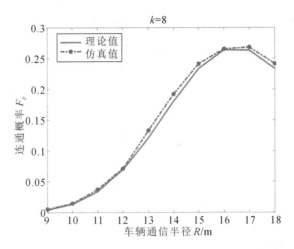

图 5-12 $k=8$ 时车辆通信半径 R 与连通概率 F_p 的关系图

5.6.4 结果与分析

本章提出的动态自适应路由组网算法,在一定的通信范围内,所有车辆节点之间能够相互通信的前提下,在贪婪随机转发算法的基础上,从概率论及统计学的角度出发,根据车辆节点间距的计算方法,通过 SDN 控制器收集网络状态信息,综合考虑无线局域网(WLAN)中移动接入点的位置与状态、车辆数目、单个用户吞吐量等信息,设计连通概率方法,采用动态路由来降低数据冗余率,实现车辆的连通度以及连通概率最大的同时,得出了连通度与通信所需车联网的车辆、通信半径之间的关系式。将连通度和能效结合考虑,使网络的能耗尽可能减小,从而实现车联网中的负载均衡,确保高连通的车联网状态,对车联网的正常工作提供了很好的参考价值。

本章的策略同样适用于无线传感网络连通性的研究,也取得了良好的效果。把概率论和连通度及能效组网算法相结合,并将计算机网络中路由器更新路由表的工作原理应用于无线传感网络中,对邻居节点之间的信息交换进行解释,比如更新邻居信息列表。创新之处是采取了根据节点的剩余能量和距离的相对值来选择唤醒何种类型的睡眠节点,旨在使网络达到最大连通度 k 且连通概率 F_p 最大时,做到整个网络的能耗尽可能地降至最低,且尽可能少地唤醒邻居节点的个数,从而提高整个网络的使用寿命。还根据随机部署的传感器节点满足泊松分布的原理,给出了当网络达到最大连通度 k 且连通概率 F_p 最大时,车辆通信半径 R 和节点的个数 N 的取值表达式。再根据强连通网络所提供的参数进行仿真,得出在不同车辆通信半径 R 下,节点的连通度 k 与连通概率 F_p 之间的关系,以及连通度 $k=8$ 时,车辆通信半径 R 与连通概率 F_p 之间的关系,最大化地保证了无线传感网络的强连通性及最低的能量损耗。

5.7 本章总结

本章主要从多层次多维度的资源调度策略基础上,针对前述两章所提的车联网业务需求进行感知和预测,在城市密集交通场景的大尺度宏观车流模型和小尺度微观车流模型的不同层次上,以及空间和时间不同维度上,提出基于机器学习的移动接入点空时协作的精准资源调度和动态路由预测。将资源供给与业务需求进行快速匹配,保证车联网通信业务的低延时要求。结合空间、时间和频率多维度模型,分析车联网通信在前述调度策略下,对包括连通度在内的车联网性能指标进行优化。针对车联网时延和连通性等关键性能指标定义服务质量的效能函数,在存在随机干扰的情况下,采用离散随机逼近算法针对调度参数进行预优化。

在实际应用的车联网场景中,按照用户业务需求、终端数据缓存状况、用户信道信息等数据,在保证 QoS 需求、无线资源利用率及用户公平性的前提条件下,按照本章给出的高连通性组网算法规则,确定用户的优先级并进行频域或时域资源的分配,有效选择中继节点进行消息转发的路由决策方案,确保高连通的车联网状态。

第 6 章 总结与展望

6.1 研究总结

随着智能交通系统的发展,上到智慧城市的建设与发展,下到人们的出行效率,车联网技术都发挥着越来越重要的作用。同时,车联网尚处于发展的初级阶段,存在着许多问题有待研究和解决。由于车辆的高速机动性,传统的移动计算面临着高效、快速的资源调度和功率分配等挑战。同时,实现车辆之间的接入网服务是在车辆附近提供通信服务的重要方法之一。基于尽可能接近的通信部署策略,研究 VANET 的新的体系结构,对未来智能交通系统的发展具有重要意义。近年来,国内外专家学者们提出了很多车联网协作通信的方法,且获得了不错的效果。但由于交通环境的复杂性,车联网技术的发展面临着复杂的无线传输环境、潜在的大规模特性、高动态特性、分区网络特性和网络安全隐私等挑战。

连通度作为车联网的一个基础而重要的指标,对于车联网的网络规划、拓扑控制以及用户体验都具有非常重要的意义。而车联网是一种分布式无线网络,终端之间的链路建立可以不通过基站,将数据传送给目标终端,减少了基站的中继负担;但另一方面大量的链路存在会引起终端间的干扰,从而使得系统的网络容量减小。因此要对移动接入点及链路的建立进行折中考虑。车联网的网络拓扑随着车辆终端的快速移动而动态变化,再加上基站的切换、无线信道的恶劣环境,使得车联网的网络连通性问题研究非常复杂。因此,本书在跟踪国内外最新研究进展的基础上,围绕车联网的性能指标,分别从协作通信和机器学习两个方面进行了深入的研究。提出了采用无蜂窝架构的基于移动接入点的协作通信车联网体系结构、基于机器学习预测的无蜂窝架构车联网中流量时空分布模型、基于机器学习的移动接入点空时协作的精准资源调度和动态路由机制。核心问题涉及车辆终端如何接入移动网络,实现动态、开放、自组织、易于部署和低成本效益的 VANET。本书的主要研究贡献体现在以下几个方面。

6.1.1 提出了采用无蜂窝架构的基于移动接入点的协作通信车联网体系结构

本书提出的无蜂窝架构,与传统的蜂窝结构不同,用户不与单个基站或移动接入点关联,而是通过 CoMP 传输和接收,与协作基站或移动接入点通信,实现满足不同需求的车联网最优接入方案。基于移动接入点的协作通信,对车联网的不同接入方式进行横向融合,建立低时延、高可靠的基于 SDN 的车联网混合组网架构。利用 SDN 收集车辆运动状态信息,获得全局网络视图,采用先局部后全局的方式实现网络资源的灵活调度,实现分布式同集中式相结合的资源调度和投放机制。无蜂窝车联网中车辆构成多重 SDN 云,实现分布式同集中式相结合的资源调度和投放机制。移动接入点与车辆用户之间的协作通信,采用联合发送和联合接收的方式,给出三种选择车辆作为协作移动接入点的策略原则,构建了 5G 无蜂窝移动接入网。通过融合无蜂窝协作通信,采用移动接入点的 5G 无蜂窝 VANET 通信方案显著优于传统的方案,增强了车联网通信的连通性和可靠性,减少了传输跳跃次数,并减少了切换导致的延迟,兼顾负载均衡和能量效率,优化了车联网的性能。

◆ 6.1.2 提出了基于机器学习预测的无蜂窝架构车联网中流量时空分布模型

针对车联网各种场景下的车辆移动状况,本书提出了基于机器学习预测的无蜂窝架构车联网中流量时空分布模型。根据数据业务需求在空间和时间上的分布特征,基于随机几何理论方法对车联网业务的空间分布特征构建模型,采用排队论对业务的时间分布特征构建模型,运用机器学习方法对车联网时空流量进行分析和预测,为车联网中的协作资源调度和分布式路由选择提供依据。V2V 协作通信算法融合了车联网终端侧的接入网络选择机制及网络侧的调节函数策略,能够依据用户的最优分布及实际分布,基于目标函数和约束条件的转换,动态自适应地来改变网络调节函数因子,从而引导车联网用户终端合理选择动态节点来接入网络。提出基于 QoE 效用函数的网络资源分配函数,解决了车辆接入网络的不同接入方式会造成部分车载资源丢失和浪费的问题,实现协作通信下的最优功率分配和频谱资源共享。

◆ 6.1.3 提出了基于机器学习的移动接入点空时协作的精准资源调度和动态路由机制

本书从多层次多维度的资源调度策略基础上,针对无蜂窝结构车联网中车辆的业务需求,对时间分布和空间分布的车联网业务需求进行感知和预测。在城市密集交通场景的大尺度宏观车流模型和小尺度微观车流模型的不同层次上,以及空间和时间不同维度上,提出基于机器学习的移动接入点空时协作的精准资源调度和动态路由预测,对车联网中的无线通信资源进行调度和分配。将资源供给与业务需求进行快速匹配,保证车联网通信业务的低延时要求。结合空间、时间和频率多维度模型,分析车联网通信在精准资源调度策略下,对包括连通性在内的车联网性能指标进行优化。针对车联网时延和连通性等关键性能指标定义服务质量的效能函数,在存在随机干扰的情况下,采用离散随机逼近算法针对调度参数进行优化,实现精准的资源调度和负载均衡。

最后,在上海延安路高架桥实际路况场景中,根据车辆用户业务需求、终端数据缓存状况、用户信道信息等数据,在保证 QoS 需求、无线资源利用率及用户公平性的前提条件下,按照本书给出的连通性及能效组网算法规则,基于机器学习进行资源调度,确定用户的优先级并进行频域或时域资源的分配。预测交通车流的时空分布实施动态路由机制,有效选择中继节点进行消息转发的路由决策方案,实现高连通的车联网状态,兼顾负载均衡和能量效率,优化车联网的性能。

6.2 研究展望

在实现交通愿景方面,建立新一代的智能交通系统,以智能交通和交通管理为目标的车联网应用，仍存在重大的技术障碍。

6.2.1 安全

车联网的一个最重要的作用是传送各种交通安全信息，例如车辆状态、附近车辆类型、车辆移动状况和交通事故信息，以便车辆进行主动制动。但目前对车联网商业模式的探索，主要围绕导航、救援、娱乐等信息服务而展开，回避了车联网保障行车安全的关键主题。因此，接下来的研究仍然需要从保障安全的根本目标出发，在车联网安全防护的研发投入、安全监管技术标准的推广等方面发挥主导作用。

6.2.2 融合

车联网动态交通系统必须适应广泛的新兴技术。目前和未来的交通系统的规模，任何新兴的通信系统都可能是混合的，包括临时移动和网状组件，以及固定的路边接入点或单元。在车辆环境中，提供通信需要通过综合无线通信、蜂窝电话、MANET 和 DTN 等对现有通信架构进行新的调整。动态交通系统将融合现有通信架构，并将高新技术应用于智慧交通体系，实现更全面的信息感知和信息共享。智能交通系统基础设施的融合是其发展道路上的一个障碍。

6.2.3 控制

车辆的高移动性带来的挑战是可用的连接时间很短。在一般意义上，移动车辆之间的高速数据通信是难以实现的。未来的车联网系统可能利用 MANET 和固定基础设施（接入点或蜂窝塔）以及网络内处理来减少本地区域之外的通信，用于传感和控制应用。在动态网络中的分布式处理，计算诸如收费站的等待时间或高速公路路段的交通率等统计数据的结果，必须从环境中的多个车辆节点收集数据，接下来可考虑使用抽样方法和网络内处理技术来进行拥塞监测，标记数据，在系统中则可以采用无状态方式传播数据。即使网络没有完全连接，也可以实现消息传递。

6.2.4 路由

研究用于车联网通信的路由协议，其中涉及有利于车联网技术发展的又不受限制的通信能耗、高性能的计算能力、车辆位置信息和可预测的车辆移动轨迹等。考虑数据的本地化消耗、车辆的高移动性和车辆网络环境的碎片化特性，借鉴现有的 MANET 和 DTN 的相关研究成果，考虑在车联网路由中引入跨层优化，充分融合网络架构设计以及基于机器学习的优化资源共享的联合效用，提高人们的出行效率。

参考文献

[1] Zheng K, Zheng Q, Chatzimisios P, et al. Heterogeneous vehicular networking: a survey on architecture, challenges, and solutions[J]. IEEE Communication Surveys & Tutorials, 17(4): 2377-2396. 2015.

[2] Amadeo M, Campolo Claudia, Molinaro A. Information — centric networking for connected vehicles: a survey and future perspectives[J]. IEEE Communications Magazine. 54(2):98-104. 2016.

[3] Vastardis N, Yang K. Mobile social networks: architectures, social properties, and key research challenges[J]. IEEE Communications Surveys & Tutorials. 15(3):1355-1371. 2013.

[4] Dressler F, Hartenstein Hannes, Altintas O, et al. Inter-vehicle communication: quovadis[J]. IEEE Communications Magazine. 52(6):170-177. 2014.

[5] Watfa M. Advances in vehicular ad-hoc networks: developments and challenges[M]. IGI Global. 2010.

[6] Vinel A. 3GPP LTE versus IEEE 802. 11p/wave: which technology is able to support cooperative vehicular safety applications[J]. IEEE Wireless Communication Letters. 1(2):125-128. 2012.

[7] Laiyemo A, Pennanen H, Pirinen Pekka, et al. Transmission strategies for throughput maximization in high-speed-train communications: from theoretical study to practical algorithms[J]. IEEE Transactions on Vehicular Technology. 66(4):2997-3011. 2017.

[8] Huang W, Ding L, Meng D, et al. QoE-based resource allocation for heterogeneous multi-radio communication in software-defined vehicle networks[J]. IEEE Access. 6: 3387-3399. 2018.

[9] Kesting A, Treiber M, Helbing D. General lane-changing modelMOBIL for car-following models[J]. Transportation Research Record. 1999(1):86-94. 2007.

[10] Lee J, Pak D. A game theoretic optimization method for energy efficient global connectivity in hybrid wireless sensor networks[J]. Sensors. 16(9):1380-1391. 2016.

[11] Tanabe S, Sawai K. Sensor node deployment strategy for maintaining wireless sensor ntwork communication connectivity[J]. International Journal of Advanced Computer Science and Applications. 2(12):140-146. 2011.

[12] Cavalcanti E, Souza J, Spohn M, et at. VANETs' research over the past decade: overview, credibility, and trends[J]. ACM SIGCOMM Computer Communication Review. 48(2):31-39. 2018.

[13] Behrisch M, Bieker L, Erdmann J, et al. SUMO – simulation of urban mobility: an overview[C]//The Third International Conference on Advances in System Simulation. ThinkMind Press, 1-6. 2011.

[14] Cheng J, Cheng L, Zhou M, et al. Routing in internet of vehicles: A review[J]. IEEE Transactions on Intelligent Transportation Systems. 16(5):2339-2352. 2015.

[15] Lee U, Cheung R, Gerla M. Emerging vehicular applications. In Vehicular Networks: From Theory to Practice[M]. CRC Press. 2009.

[16] Hussein A, Elhajj I, Chehab A. SDN VANETs in 5G: An architecture for resilient security services[C]// International Conference on Software Defined Systems. IEEE Press, 8-13. 2017.

[17] Khan A, Abolhasan M, Ni W. 5G next generation VANETs using SDN and fog computing framework[C]// IEEE Annual Consumer Communications & Networking Conference. IEEE Press, 114-119. 2018.

[18] Härri J, Filali Fethi, Bonnet C, et al. VanetMobiSim: generating realistic mobility patterns for VANETs[C]// In Proceedings of the 3rd international workshop on Vehicular ad hoc networks. ACM Press, 96-97. 2006.

[19] Mao G, Zhang Z, Anderson B. Cooperative content dissemination and offloading in heterogeneous mobile networks[J]. IEEE Transactions on Vehicular Technology. 65(8):6573-6587. 2016.

[20] Zhang T, Zhu Q. Distributed privacy-preserving collaborative intrusion detection systems for VANETs[J]. IEEE Transactions on Signal and Information Processing over Networks. 4(1):148-161. 2018.

[21] Chen M, Zhang Y, Li Y, et al. AIWAC: affective interaction through wearable computing and cloud technology[J]. IEEE Wireless Communications. 22(1):20-27. 2015.

[22] Rubin I, Baiocchi A, Sunyoto Y, et al. Traffic management and networking for autonomous vehicular highway systems[J]. Ad Hoc Networks. 83:125-148. 2019.

[23] Yang Y, Song G, Zhang W, et al. Neighbor-aware multiple access protocol for 5G mMTC applications[J]. IEEE China Communications. 13(2):80-88. 2016.

[24] Ge X, Chen H, Mao G, et al. Vehicular communications for 5G cooperative small cell networks[J]. IEEE Transactions on Vehicular Technology. 65(10):7882-7894. 2016.

[25] CortesCorinna, Vapnik Vladimir. Support-vector networks[J]. Machine Learning. 20(3):273-297. 1995.

[26] Suthaharan Shan. Machine learning models and algorithms for big data classification [M]. Springer. 2016.

[27] ChenP, Zhang C, Chen L, et al. Fuzzy restricted Boltzmann machine for the enhancement of deep learning[J]. IEEE Transactions on Fuzzy Systems. 23(6):2163-2173. 2015.

[28] Hao Y, LiG. Deep reinforcement learning for resource allocation in V2V communications[C]// IEEE International Conference on Communications. IEEE Press, 1-6.

[29] Mostafaei H, Obaidat M. Learning automaton-based self-protection algorithm for wireless sensor networks[J]. IET Networks. 7(5):353-361. 2018.

[30] Luo Q, Cai X, Luan T, et al. Fuzzy logic-based integrity-oriented file transfer for highway vehicular communications[J]. Eurasip Journal on Wireless Communications and Networking. 3:1-16. 2018.

[31] Giroire F, Maureira J. Analysis of the failure tolerance of linear access networks[J]. IEEE Transactions on Intelligent Transportation Systems. 19(4):1166-1175. 2018.

[32] Nie L, Li Y, Kong X. Spatio-temporal network traffic estimation and anomaly detection based on convolutional neural network in vehicular Ad-hoc networks[J]. IEEE Access. 6:40168-40176. 2018.

[33] Zhang R, Song Y, Han Z. Distributed resource allocation for device-to-device communications underlaying cellular networks[C]// IEEE International Conference on Communications. IEEE Press, 1889-1893. 2013.

[34] Nguyen H, Hasegawa M, Hwang W. Distributed resource allocation for D2D communications underlay cellular networks[J]. IEEE Communications Letters. 20(5):942-945. 2016.

[35] Kang S, Seo B, Kim J. Location based group selection in resource allocation for D2D uplink cellular networks[J]. International Journal of Future Generation Communication and Networking. 9(10):279-288. 2016.

[36] Azam M, Ahmad M, Naeem M, et al. Joint admission control, mode selection, and power allocation in D2D communication systems[J]. IEEE Transactions on Vehicular Technology. 65(9):7322-7333. 2016.

[37] Nguyen P, Ji Y, Liu Z, et al. Distrituted hole-bypassing protocol in WSNs with constant stretch and load balancing[J]. Computer Networks. 129(1):232-250. 2017.

[38] Li Z, Wang C, Jiang C. User association for load balancing in vehicular networks: an online reinforcement learning approach[J]. IEEE Transactions in Intelligent Transportation Systems. 18(8):2217-2228. 2017.

[39] Zheng Q, Zheng K, Zhang H, et al. Delay-optimal virtualized radio resource scheduling in software-defined vehicular networks via stochastic learning[J]. IEEE Transactions on Vehicular Technology. 65(10):7857-7867. 2016.

[40] Pathak P, Feng X, Hu P, et al. Visible light communication, networking, and sensing: a survey, potential and challenges[J]. IEEE Communications Surveys Tutorials. 17(4):2047-2077.

[41] Ge X, Tu S, Mao G, et al. 5Gultra-dense cellular networks[J]. IEEE Wireless Communications. 23(1):72-79. 2016.

[42] Cimmino A, Pecorella T, Fantacci R, et al. The role of small cell technology in future smart city applications[J]. Transactions on Emerging Telecommunications Technologies. 25(1):11-20. 2014.

[43] Han T, Yang Yang, Ge X, et al. Mobile converged networks: framework, optimization, and challenges[J]. IEEE Wireless Communications. 21(6):34-40. 2014.

[44] Chen M, Qian Y, Mao S, et al. Software-defined mobile networks security[J]. Mobile Networks and Applications. 21(5):729-743. 2016.

[45] SunSonglin, Gong L, Rong B, et al. An intelligent SDN framework for 5G heterogeneous networks[J]. IEEE Commununications Magazine. 53(11):142-147. 2015.

[46] Han T, Han Y, Ge X, et al. Small cell offloading through cooperative communication in software-defined heterogeneous networks[J]. IEEE Sensors Journal. 16(20):7381-7392. 2016.

[47] Giust F, Cominardi L, Bernardos C, et al. Distributed mobility management for future 5G networks: overview and analysis of existing approaches[J]. IEEE Communications Magazine. 53(1):142-149. 2015.

[48] Yousefi S, Altman E, Azouzi R, et al. Analytical model for connectivity in vehicular Ad hoc networks[J]. IEEE Transactions on Vehicular Technology. 57(6):3341-3356. 2008.

[49] Ge X, Ye J, Yang Yang, et al. User mobility evaluation for 5G small cell networks based on individual mobility model[J]. IEEE Journal on Selected Areas in Communications. 34(3):528-541. 2016.

[50] Ge X, Cheng H, Guizani M, et al. 5G wireless backhaul networks: challenges and research advances[J]. IEEE Network. 28(6):6-11. 2014.

[51] Han T, Ge X, Wang L, et al. 5G converged cell-less communications in smart cities[J]. IEEE Communications Magazine. 55(3):44-59. 2017.

[52] Wang L, Han T, Li Q, et al. Cell-less communications in 5G vehicular networks based on vehicle-installed access points[J]. IEEE Wireless Communications. 24(6):64-71. 2017.

[53] Dhillon H, Ganti R, Bacelli F, et al. Modeling and analysis of K-Tier downlink

heterogeneous cellular networks[J]. IEEE Journal on Selected Areas in Communications. 30(3):550-560. 2012.

[54] Han T, Mao G, Li Q, et al. Interference minimization in 5G heterogeneous networks [J]. Mobile Networks and Applications. 20(6):756-762. 2015.

[55] Uzma S, Hina T, Ekram H, et al. Wireless backhauling of 5G small cells: challenges and solution approaches[J]. IEEE Wireless Communications. 22(5):22-31.

[56] Chen M. Towards smart city: M2M communications with software agent intelligence [J]. Multimedia Tools and Applications. 67(1):167-178. 2013.

[57] Lynggaard P, Skouby K. Deploying 5G-technologies in smart city and smart home wireless sensor networks with interferences[J]. Wireless Personal Communications. 81(4):1399-1413. 2015.

[58] Zheng J, Wang Y. Connectivity analysis of vehicles moving on a highway with one entry and exit[J]. IEEE Transactions on Vehicular Technology. 67(5):4476-4486. 2018.

[59] Tran H, Kaddoum G. Green cell-less design for RF-wireless power transfer networks [C]// IEEE Wireless Communications and Networking Conference. IEEE Press, 1-6. 2018.

[60] Fu Y, Li C, Luan T, et al. Infrastructure-cooperative algorithm for effective intersection collision avoidance [J]. Transportation Research: Emerging Technologies. 89:188-204. 2018.

[61] 王丽君,颜佳,韩涛等. 车联网协作通信移动接入点选择算法[J]. 华中科技大学学报(自然科学版). 47(6):41-45. 2019.

[62] Ge X, Li H, Mao G, et al. 5G software defined vehicular networks[J]. IEEE Communications Magazine. 55(7):87-93. 2017.

[63] Li C, Zhang Y, Luan T, et al. Building transmission backbone for highway vehicular networks: framework and analysis[J]. IEEE Transactions on Vehicular Technology. 67(9):8709-8722. 2018.

[64] Lv P, Wang X, Xue X, et al. SWIMMING: seamless and efficient WiFi-based internet access from moving vehicles[J]. IEEE Transactions on Mobile Computing. 14(5):1086-1097. 2015.

[65] Jangsher S, Li V. Backhaul resource allocation for existing and newly arrived moving small cells[J]. IEEE Transactions on Vehicular Technology. 66(4):3211-3219. 2017.

[66] Feteiham F, Hassanein H. Enabling cooperative relaying VANET clouds over LTE-A networks[J]. IEEE Transactions on Vehicular Technology. 64(4):1468-1479. 2015.

[67] Farooq J, Bro L, Karstensen R, et al. Performance evaluation of a multi-radio, multi-hop ad-hoc radio communication network for communications-based train control[J]. IEEE Transactions on Vehicular Technology. 67(1):56-71. 2018.

[68] Patra M, Thakur R, Murthy C. Improving delay and energy efficiency of vehicular networks using mobile femto access points[J]. IEEE Transactions on Vehicular

Technology. 66(2):1496-1505. 2017.

[69] Ge X. Ultra-reliable low-latency communications in autonomous vehicular networks [J]. IEEE Transactions on Vehicular Technology. 68(5):5005-5016. 2019.

[70] Basnayaka D, Smith P, Martin P. Performance analysis of macrodiversity MIMO systems with MMSE and ZF receivers in flat rayleigh fading[J]. IEEE Transactions on Wireless Communications. 12 (5): 2240-2251. 2013.

[71] Liu H, Eldarrat F, Alqahtani H, et al. Mobile edge cloud system: architectures, challenges, and approaches[J]. IEEE Systems Journal. 12(3):2495-2508. 2018.

[72] LiaoLingxia, Qiu M, Leung V. Software defined mobile cloudlet [J]. Mobile Networks and Applications. 20(3):337-347. 2015.

[73] Yu R, Ding J, Huang X, et al. Optimal resource sharing in 5G-enabled vehicular networks: a matrix game approach[J]. IEEE Transactions on Vehicular Technology. 65(10):7844-7856. 2016.

[74] Fodor G, Roger S, Rajatheva N, et al. An overview of device-to-device communications technology components in METIS[J]. IEEE Access. 4:3288-3299. 2016.

[75] Cao W, Feng G, Qin S, et al. Cellular offloading in heterogeneous mobile networks with D2D communication assistance[J]. IEEE Transactions on Vehicular Technology. 66(5):4245-4255. 2017.

[76] Salahuddin M, Fuqaha A, Guizani M. Software- defined networking for RSU clouds in support of the Internet of vehicles[J]. IEEE Internet of Things Journal. 2(2):133-144. 2015.

[77] Haenggi M, Andrews J, Baccelli F, et al. Stochastic geometry and random graphs for the analysis and design of wireless networks[J]. IEEE Journal on Selected Areas in Communications. 27(7):1029-1046. 2009.

[78] Hoque S, Imran A. Modification of Webster's delay formula under non-lane based heterogeneous road traffic condition[J]. Journal of Civil Engineering. 35 (2): 81-92. 2007.

[79] Han L, Li J, Urbanik T. Impacts of intercycle demand fluctuations on delay[J]. Journal of Transportation Engineering. 135(5):288-296. 2009.

[80] Zhang W, Yang Yang, Qian H, et al. Macroscopic traffic flow models for Shanghai [C]// IEEE International Conference on Communications. IEEE Press, 799-803. 2012.

[81] Zhang W, Zhang T, Yang Yang, et al. Traffic flow modeling and limitation on the coexistence of WAVE and WLAN [C]// IEEE International Conference on Communications. IEEE Press, 6536-6540. 2015.

[82] Jiang D, Xu Z, Zhang P, et al. Atransform domain-based anomaly detection approach to network-wide traffic[J]. Journal of Network and Computer Applications. 40(2): 292-306. 2014.

[83] Hinton G, Salakhutdinov R. Reducing the dimensionality of data with neural

networks. Science. 313(5786):504-507. 2006.

[84] Ning Z, Xia F, Ullah N. Vehicular social networks: enabling smart mobility[J]. IEEE Communications Magnize. 55(5):49-55. 2017.

[85] 凌毓涛. 异构无线网络中联合无线资源管理技术研究[D]. 武汉大学, 2012.

[86] Jiang D, Huo L, Lv Z. A joint multi-criteria utility-based network selection approach for vehicle-to-infrastructure networking [J]. IEEE Transactions on Intelligent Transportation Systems. 19(10):3305-3319. 2018.

[87] Reichl P, Egger S, Schatz R, et al. The logarithmic nature of QoE and the role of the Weber_Fechner law in QoE assessment[C]// IEEE International Conference on Communications. IEEE Press, 1-5. 2010.

[88] Zhang W, Wen Y, Chen Z, et al. QoE-driven cache management for HTTP adaptive bit rate streaming over wireless networks[J]. IEEE Transactions on Multimedia. 15(6):1431-1445. 2013.

[89] Naqvi S, Pervaiz H, Hassan S, et al. Energy-aware radio resource management in D2D-enabled multi-tier hetnets[J]. IEEE Access. 6:16610-16622. 2018.

[90] Cao X, Liu Lu, Cheng Y, et al. On optimal device-to-device resource allocation for minimizing end-to-end delay in VANETs [J]. IEEE Transactions on Vehicular Technology. 65(10):7905-7916. 2016.

[91] Aboudolas K, Papageorgiou M, Kosmatopoulos E. Storeand-forward based methods for the signal control problem in large-scale congested urban road networks[J]. Transportation Research Part C: Emerging Technologies. 17 (2):163-174. 2009.

[92] Wang L, Yan J, Yu K, et al. Research of D2D communications mode for 5G vehicular networks[C] //IEEE International Conference on Communications Workshops: 5G Trials - From 5G Experiments to Business Validation. Springer, 1-6. 2019.

[93] Viriyasitavat W, Bai F, Tonguz O, et al. Dynamics of network connectivity in urban vehicular networks[J]. IEEE Journal on Selected Areas in Communications. 29(3): 515-533. 2011.

[94] SunG, Song L, Yu H, et al. V2V routing in a VANET based on the autoregressive integrated moving average model[J]. IEEE Transactions on Vehicular Technology. 68(1):908-922. 2019.

[95] Li Q, Feng S, Pandharipande A, et al. Wireless powered cooperative multi-relay systems with relay selection[J]. IEEE Access. 5:19058-19071. 2017.

[96] Li J, Andrew L, Foh C, et al. Connectivity, coverage, and placement in wireless sensor networks[J]. Sensors. 9(10):7664-7693. 2009.

[97] Ambekar C, Kalyankar V, Raina V, et al. Energy efficient modeling of wireless sensor networks using random graph theory[C]// International Conference on Issues and Challenges in Intelligent Computing Techniques. IEEE Press, 10-18. 2014.

[98] Wang H, Meng F, Luo H, et al. A location-independent node scheduling for heterogeneous wireless sensor networks[C]// In Proceedings of the 2009 Third

International Conference on Sensor Technologies and Applications. IEEE Press, 18-23. 2009.

[99] Agrawal P, Patwari N. Correlated link shadow fading in multi-hop wireless networks[J]. IEEE Transactions on Wireless Communications. 8(8):4024-4036. 2009.

[100] Gramaglia M, Trullols O, Naboulsi D, et al. Mobility and connectivity in highway vehicular networks: a case study in Madrid[J]. Computer Communications. 78: 28-44. 2016.

[101] Yun D, Lee S, Kim D. A study on the vehicular wireless base-station for in-vehicle wireless sensor network system[C]// In Proceedings of the 2014 International Conference on Information and Communication Technology Convergence. IEEE Press, 609-610. 2014.

[102] Wang L, Yan J, Han T, et al. On connectivity and energy efficiency for sleeping-schedule-based wireless sensor networks[J]. Sensors. 19 (9):2126-2139. 2019.

[103] Kwon S, Kin Y, Shroff N. Analysis of connectivity and capacity in 1-D vehicle-to-vehicle networks[J]. IEEE Transactions on Wireless Communications. 15(12):8182-8194. 2016.

[104] Ghosh S, Acharya T, Chatterjee S, et al. On optimal power sharing for joint sensing and data transmission in cooperative cognitive radio networks[C]// Twenty First National Conference on Communications. IEEE Press, 116-121. 2015.

[105] Ge X, Du B, Li Q. Energy efficiency of multi-user multi-antenna random cellular networks with minimum distance constraints[J]. IEEE Transactions on Vehicular Technology. 66(2):1696-1708. 2017.

[106] Han T, Liu X, Wang L, et al. Energy saving of base stations sleep scheduling for multi-hop vehicular networks [C]// IEEE International Conference on Communications. IEEE Press, 811-817. 2016.

[107] Dai W, Shen Y, Win M. Distributed power allocation for cooperative wireless network localization[J]. IEEE Journal on Selected Areas in Communications. 33(1):28-40. 2015.

[108] Benveniste A, Metivier Michel, Priouret Pierre. Adaptive algorithms and stochastic approximations[M]. Springer. 1995.

[109] Chai B, Deng R, Shi Z, et al. Energy-efficient power allocation in cognitive sensor networks: A coupled constraint game approach[J]. Journal Wireless Networks. 21(5):1577-1589. 2015.

[110] Yan L, Shen H, Chen K. MobiT: distributed and congestion-resilient trajectory-based routing for vehicular delay tolerant networks[J]. IEEE/ACM Transactions on Networking. 26(3):1078-1091. 2018.

[111] Khan M, Elmusrati M, Virrankoski R. Optimal power allocation in multi-hop cooperative network using non-regenerative relaying protocol[C]// International Conference on Advanced Communication Technology. IEEE Press, 1188-

1193. 2014.

[112] Tuah N, Ismail M, Jumari K. Energy-efficient improvement for heterogeneous wireless sensor networks[J]. Infermation Technology Journal. 11(12): 1687-1695. 2012.

[113] Han Q, Yang B, Chen C, et al. Multi-leader multi-follower game based power control for downlink heterogeneous networks[C]// In Proceedings of the 33rd Chinese Control Conference. IEEE Press, 5486-5491. 2014.

[114] Puterman M. Markov decision processes: discrete stochastic dynamic programming[M]. Wiley. 2014.

[115] Yao L, Wang J, Wang X, et al. V2X routing in a VANET based on the hidden Markov model[J]. IEEE Transactions on Intelligent Transportation Systems. 19(3): 889-899. 2018.

[116] Khreich W, Granger E, Miri A, et al. On the memory complexity of the forward-backward algorithm[J]. Pattern Recognition Letters. 31(2):91-99. 2010.

[117] Yang Z, Liu Y, Li M. Beyond trilateration: on the localizability of wireless ad hoc networks[J]. IEEE/ACM Transations Networking. 18(6):1806-1814. 2010.

[118] Xie K, Luo W, Wang X, et al. Decentralized context sharing in vehicular delay tolerant networks with compressive sensing[C]// IEEE International Conference on Distributed Computing Systems. IEEE Press, 169-178. 2016.

[119] He C, Sheng B, Zhu P, et al. Energy- and spectral-efficiency tradeoff for distributed antenna systems with proportional fairness[J]. IEEE Journal on Selected Areas in Communications. 31(5):894-902. 2013.

[120] Yu R, Zhang Y, Gjessing S, et. al. Toward cloud-based vehicular networks with efficient resource management[J]. IEEE Network. 27(5):48-55. 2013.

[121] Emary E, Zawbaa H, Grosan C. Experienced gray wolf optimization through reinforcement learning and neural networks[J]. IEEE Transactions on Neural Networks and Learning Systems. 29(3): 681-694. 2017.

[122] Lin Y, Rubin I. Integrated message dissemination and traffic regulation for autonomous VANETs[J]. IEEE Transactions on Vehicular Technology. 66(10): 8644-8658. 2017.

[123] Donoghue B, Osband I, Munos R, et al. The uncertainty Bellman equation and exploration[C]// International Conference on Machine Learning. International Machine Learning Society, 6154-6173. 2018.

[124] Antos A, Szepesvári C, Munos R. Learning near-optimal policies with Bellman-residual minimizing based fitted policy iteration and a single sample path[J]. Machine Learning. 71(1):89-129. 2008.

[125] Chen Y, Li L, Wang M. Scalable bilinear π-learning using state and action features[C]// In Proceedings of the Thirty-Fifth International Conference on Machine Learning. International Machine Learning Society, 1305-1319. 2018.

[126] Littman M, Dean T, Kaelbling L. On the complexity of solving Markov decision problems[C]// Artificial Intelligence. Morgan Kaufmann Publishers, 394-402. 2013.

[127] Meyn S. The policy iteration algorithm for average reward Markov decision processes with general state space[J]. IEEE Transactions on Automatic Control. 22(12): 1663-1680. 1997.

[128] CSDN. System learning machine learning-work journal [EB/OL]. http://blog.csdn.net. 2019.